회사에서 당신의 편 이 되어 줄 이야기

신입 사원과 취업 준비생을 위한
현실적인 직장 안내서

저자 유선용

목차

우리는 왜 이렇게 오래
회사에 머무르게 되었을까

직장은 단순한 일터가 아니다.

가정이란 잠시 옷을 갈아입고 잠을 자고 다시 나오는 공간이 되었고, 희로애락의 대부분은 출근하는 그 장소에서 만들어진다.

웃고, 분노하고, 좌절하고, 다시 버티는 일상이 반복된다.

직장은 그렇게 우리 삶의 중심이 되었다.

내가 대학을 졸업하던 시기는 IMF 구제 금융이라는, 개인의 노력으로는 도저히 감당할 수 없는 시대적 사건 한가운데였다.

불과 몇 년 전만 해도 선배들이 대기업 추천서를 족구 게임으로 나눠 가졌다는 이야기가 전설처럼 회자되던 취업 전성기는, 이미 먼 과거가 되어 있었다.

취업은 더 이상 능력만으로 해결되지 않았고, 성실함만으로도 부족했다.

운과 타이밍, 그리고 구조에 대한 이해가 필요해졌다.

어렵게 취업 후 나는 벌써 28년 동안 직장 생활을 하고 있으며 26년을 외국계 회사의 인사 부서에서 시간을 보냈다.

사실 매일매일이 쉽지 않은 도전과 고민의 연속이었다.

채용을 했고, 평가를 했으며, 갈등을 조정했고, 누군가의 커리어가 바뀌는 순간들을 가장 가까운 거리에서 지켜봤다.

그 과정에서 늘 같은 질문을 반복해서 마주했다.

"왜 아무도 이걸 미리 설명해 주지 않았을까?"

직장 생활은 이상하게도 가장 중요한 것들을 가장 늦게 알려 준다.

• 채용은 어떻게 읽히는지

• 평가는 왜 늘 억울하게 느껴지는지

• 회식과 점심시간이 왜 그렇게 애매한지

• 보고서는 왜 항상 고쳐지기만 하는지

• 사람과의 관계가 왜 일보다 더 어려운지

학교에서는 가르쳐주지 않고, 회사에서도 체계적으로 설명해 주지 않는다.

대부분은 "해 보면 안다."라는 말로 넘어간다.

하지만 그 '해 보는 과정'에서 너무 많은 사람들이 불필요하게 다친다.

나 역시 어느덧 회사의 임원이라는 위치에 서서, 본전 생각이 나기 시작했고, 새로 들어오는 신입 사원들의 당돌함—혹은 준비되지 않은 행동—앞에서 당혹감을 느낄 때가 많아졌다.

그들의 행동이 이해되지 않을 때도 있고, 왜 저런 말을 굳이 저 자리에서 했을까 고개를 갸웃하게 되는 순간도 있다.

그러나 동시에 나는 안다.

그들이 무례해서가 아니라, 아무도 제대로 설명해 주지 않았기 때문이라는 것을.

이 책은 신입 사원을 훈계하기 위해 쓰이지 않았다.

또한 선배의 경험을 미화하기 위한 회고록도 아니다.

이 책은

직장이라는 공간이 어떻게 작동하는지,

사람들이 왜 그런 말과 행동을 하게 되는지,

그리고 그 안에서 개인은 어떻게 덜 다치고 오래 버틸 수 있는지를 현실의 언어로 번역해 보려는 시도다.

정답을 제시하려 하지 않는다.

다만, 이해의 폭을 넓히고 싶다.

직장 생활에서 가장 어렵고 힘든 것은 '일'이 아니라 '사람'이다.

그리고 사람을 이해하는 데에는, 조금의 거리와 설명이 필요하다.

이 책을 통해

이제 막 직장 생활을 시작하는 누군가는

"아, 그래서 그랬구나."라고 고개를 끄덕일 수 있기를 바란다.

이미 직장 생활 한가운데 있는 누군가는

"그래도 나만 느낀 건 아니었네."라며 잠시 숨을 고를 수 있기를 바란다.

그리고 언젠가 후배를 맞이할 위치에 서게 될 누군가는 조금 덜 쉽게 판단하고, 조금 더 오래 버틸 수 있기를 바란다.

직장은 인생의 전부는 아니지만, 인생의 상당 부분을 차지한다.

그 시간을 조금 덜 외롭고, 조금 덜 아프게 보내기 위해 이 이야기를 시작해 본다.

특히 이 책은, 바쁘다는 이유로 아이의 성장 과정을 온전히 지켜보지 못했던 한 부모의 마음에서 시작되었다.

아이가 태어나던 그즈음도 업무로 인하여 야근을 해야 했고, 초등학교 학부모 참관 수업에 한 번도 제대로 참석하지 못했으며, 중·고등학교 시절 아이의 감정이 가장 요동치던 순간들에도 곁에 있어 주지 못했다.

그 시간 동안 나는 늘 "조금만 더 버티면….”이라고 말하며 일을 선택했고, 회사에서의 책임을 가정의 시간보다 앞에 두었다.

그 사이 아이는 묻지 않았고, 기다렸고, 스스로 자랐다. 그리고 어느새 취업을 준비하는 나이가 되었다.

아이가 대학 졸업을 앞두고 인턴십 지원을 위하여 준비한 이력서를 처음 받아 들었을 때, 나는 비로소 시간이 이렇게 흘렀다는 사실을 실감했다.

그 종이 위에는 내가 잘 알지 못하는 아이의 선택과 노력과 고민이 정리되어 있었다.

그 순간 처음으로 부모로서의 불안이 아니라, 직장인으로서의 마음이 앞섰다.

"이 아이는 이 구조를 알고 있을까?"

"회사라는 공간이 얼마나 설명 없이 작동하는지 어떻게 겪게 될까?"

그래서, 내가 쓴 이 책을 사랑하는 딸,

서빈이가 가장 먼저 읽어 주었으면 하는 마음이 앞선다.

이 책은 그래서 누군가를 가르치기 위해 쓰이지 않았다.

무언가를 증명하려는 기록도 아니다.

다만, 내가 걸어온 길을 따라오게 될 이 시대의 젊은이들, 모든 취업 준비생과 신입 직장인들에게 현실적인 안내서가 되길 바란다.

PART 1
들어가기 전에

이 파트는 입사 전부터 첫 3개월까지, 조직에 처음 발을 들이는 시기에 반드시 마주하게 되는 상황들을 다룬다. 회사라는 공간의 기본적인 공기, 첫인상, 말투, 보고 방식, 식사와 회식 문화까지 가장 빠르게 적응하지 않으면 불필요한 오해와 상처를 만들 수 있는 지점을 정리했다.

Chapter 1.
채용

회사는 사람을 뽑지 않는다, 업무를 맡길 사람을 찾을 뿐이다

채용 시즌이 되면 많은 취업 준비생들이 비슷한 말을 한다.

"저는 아직 부족한 것 같아요."

"다들 너무 잘난 것 같아서 자신이 없어요."

하지만 인사부에서 오랜 시간을 보낸 입장에서 말하자면, 채용은 애초에 '완성된 사람'을 뽑는 과정이 아니다.

회사는 성장을 기대하며 사람을 뽑는다.

다만 아무나 뽑지는 않는다.

조직은 늘 질문 하나를 품고 있다.

"이 사람에게 이 업무를 맡길 수 있을까?"

"이 사람은 우리 조직에 잘 부합하는가?"

이 질문을 이해하지 못하면, 채용은 끝까지 오해로 남는다.

서류 전형: 나를 소개하는 글이 아니라, 조직을 이해했다는 증거

서류 전형에서 가장 흔한 착각은 이것이다.

'내가 얼마나 열심히 살아왔는지를 보여 주면 될 것'이라는 생각.

물론 노력은 중요하다.

그러나 서류를 읽는 사람은 당신의 인생을 감동적으로 소비할 시간이 없다. 서류 심사자는 수십, 많게는 수백 장의 이력서를 같은 기준으로 읽는다. 그들이 찾는 것은 감동이 아니라 이해 가능성이다.

좋은 서류는 이렇게 묻는다.

"이 사람이 왜 이 직무를 지원했는가?"

"이 경험이 이 업무와 어떻게 연결되는가?"

여기서 중요한 것은 '경험의 크기'가 아니라 '연결의 논리'다.

아르바이트 경험도, 동아리 활동도, 전공 수업도 모두 의미가 될 수 있다. 다만 그 의미는 자동으로 생기지 않는다. 지원자가 직접 설명해야 한다.

서류를 쓸 때는 반드시 시점을 바꿔 보아야 한다.

'지원자'가 아니라 '면접관'의 눈으로 읽어 보는 것이다.

이 서류를 읽고 나서,

"그래서 이 사람은 우리 조직에서 무슨 일을 할 수 있지?"라는 질문에 답이 떠오르지 않는다면, 그 서류는 탈락 가능성이 높다.

면접의 시작은 면접실이 아니다

면접을 보러 오라는 연락을 받았다는 것은 이미 어느 정도 검증이 끝났다는 뜻이다. 흔히 말하는 '5부 능선'이라는 표현도 크게 틀리지는 않다. 하지만 여기서 방심하는 순간, 많은 것이 어긋난다.

면접은 면접실에 들어가기 전부터 시작된다.

- 경비실에서의 태도
- 안내 직원에게 보이는 말투
- 대기 시간 동안의 자세

이런 사소한 장면들은 면접관이 직접 보지 않더라도 반드시 전달된다.

조직은 이 순간을 이렇게 해석한다.

"이 사람은 긴장된 상황에서 어떻게 행동하는가."

"직급이 낮아 보이는 사람에게도 같은 태도를 유지하는가."

특히 인턴이나 주니어 직원이 인솔을 맡는 경우, 지원자의 태도는 더 선명하게 드러난다.

면접장에서 아무리 매끄럽게 말해도, 그 이전의 태도가 별로였다면 점수는 이미 깎여 있다.

말 잘하는 사람보다, 같이 일할 수 있는 사람

면접에서 가장 많이 오해되는 능력은 '말솜씨'다.

유창하게 답변하면 좋은 평가를 받을 것 같지만, 실제로는 그렇지 않다.

면접관은 발표자를 뽑는 것이 아니라 동료를 뽑는다.

- 눈을 마주치고
- 질문을 끝까지 듣고
- 생각한 뒤 천천히 답하는 태도

이것은 말솜씨보다 훨씬 중요한 신호다.

조직은 이렇게 판단한다.

"이 사람은 회의에서 질문을 오해하지 않겠구나."

"지시를 자기 방식으로 왜곡하지 않겠구나."

질문을 이해하지 못했을 때는 반드시 다시 물어야 한다.

"제가 이해한 게 맞는지 확인해도 될까요?"

이 한 문장은 감점이 아니라 오히려 신뢰를 만든다.

반대로 이해하지 못한 채 대답을 이어 가는 것은, 실무에서 가장 위험한 태도로 읽힌다.

거짓말은 생각보다 빨리 드러난다

면접에서의 과장은 들키기 마련이다.

업무 경험을 부풀리거나, 잘 알지 못하는 분야를 아는 척하는 순간, 면접관의 질문은 더 구체적으로 파고든다. 이때 답변이 흔들리면 신뢰는 단번에 무너진다.

한번은 회계 부서 지원자가 있었다.

그는 자신의 리더십과 도전 정신을 강조하며 답변을 이어 갔다. 문제는 그 모든 이야기가 영업 부서 지원자에게 어울리는 내용이었다는 점이다. 회계 업무와의 연결은 끝내 나오지 않았다.

조직은 이 장면을 이렇게 해석한다.

"이 사람은 우리 업무를 이해하지 못했다."

아무리 좋은 자질도, 맞지 않는 자리에 놓이면 단점이 된다.

준비란, 예상 질문을 외우는 것이 아니다

면접 준비를 한다고 하면 많은 사람들이 예상 질문 목록을 만든다.

물론 도움이 된다. 하지만 더 효과적인 방법은 따로 있다.

스스로 질문을 던지고, 답변하는 과정을 녹음해서 들어 보는 것이다.

이 과정에서 알게 된다.

- 말이 너무 길지는 않은지

- 핵심이 흐려지지는 않는지

- 질문에 제대로 답하고 있는지

면접은 암기 시험이 아니다. 준비란 답을 외우는 것이 아니라, 자기 생각의 구조를 정리하는 과정이다.

채용은 평가가 아니라, 선택이다

채용에 대해 마지막으로 꼭 전하고 싶은 말이 있다.

채용은 당신을 평가하는 자리이기도 하지만, 동시에 당신이 회사를 선택하는 과정이기도 하다. 면접장에서 느껴지는 분위기, 질문의 방향, 대화의 밀도는 그 조직의 축소판이다.

합격이 곧 정답은 아니다.

탈락이 곧 실패도 아니다.

채용은 '붙고 떨어지는 시험'이 아니라, 서로가 맞는지 확인하는 과정이다.

이 관점을 갖는 순간, 면접은 덜 두렵고 조금 더 솔직해진다.

그리고 이상하게도, 그런 태도가 오히려 좋은 결과로 이어지는 경우가 많다.

채용은 시작일 뿐이다.

진짜 직장 생활은, 그다음 장에서 시작된다.

Chapter 2

기본적인 직장 예절

예절은 사람을 높이기보다, 일을 편하게 만든다

직장 예절을 이야기하면 많은 사람들이 이렇게 생각한다.

"요즘 시대에 그런 걸 왜 아직도 따져?"

"능력만 있으면 되지 않나?"

하지만 현실에서 예절은 능력을 대신하지는 않지만, 능력을 무력화시킬 수는 있다.

직장 예절은 상대를 존중하기 위한 도구이기 전에, 업무가 매끄럽게 흐르도록 만드는 안전장치다.

직장 예절은 '인성 평가'가 아니다

직장에서 예절이 문제 될 때 사람들은 억울해한다.

"제가 일부러 그런 건 아니에요."

"그 정도로 예민할 필요가 있나요?"

하지만 조직은 의도를 묻지 않는다.

결과를 본다.

예절은 사람의 됨됨이를 판단하기 위한 잣대가 아니라, 함께 일하기에 편한 사람인가를 가늠하는 기준이다.

인사의 힘은 생각보다 크다

가장 기본적인 예절은 인사다.

너무 당연해서 대수롭지 않게 여겨지지만, 이 기본이 무너지면 관계는 빠르게 어색해진다.

- 먼저 보는 사람이 먼저 인사하기
- 눈을 마주치고 짧게라도 인사하기
- 이름을 불러 인사할 수 있다면 더 좋다.

인사는 호감의 표현이 아니라 존재 확인의 신호다.

"나는 당신을 인지하고 있다."

이 메시지 하나로 많은 불필요한 오해가 사라진다.

말투는 능력보다 먼저 기억된다

직장에서 사람들이 가장 오래 기억하는 것은 보고서의 완성도가 아니라 말투다.

- 명령처럼 들리는 말
- 비아냥으로 해석될 수 있는 농담
- 무심해 보이는 짧은 답변

이 말투들은 의도와 다르게 관계를 깎아 먹는다.

특히 문자, 메신저, 이메일에서는 표정이 없기 때문에 말투가 더 날카롭게 읽힌다.

조금만 더 정중한 표현을 쓰는 것은 비굴함이 아니다.

의도치 않은 해석의 여지를 줄이는 선택이다.

시간 예절은 곧 신뢰다

- 지각

- 마감 지연

- 회신 지연

이 세 가지는 사소해 보여도 신뢰를 가장 빠르게 갉아먹는다.

시간을 지키지 못하는 사람은 능력이 부족해서가 아니라, 상대의 시간을 고려하지 않는 사람으로 읽힌다.

늦을 것 같다면 미리 알리는 것만으로도 평가는 크게 달라진다.

보고와 공유의 예절

보고는 완벽함보다 타이밍이다.

- 문제가 생기면 숨기지 말 것

- 늦어질 것 같으면 먼저 알릴 것

- 결정이 필요한 지점은 명확히 할 것

보고를 잘한다는 것은 일을 잘한다는 뜻이 아니라, 일을 함께한다는 신호다.

사적인 이야기의 경계

직장은 사적인 이야기를 전혀 하면 안 되는 곳도 아니고, 모든 사적인 이야기가 허용되는 곳도 아니다.

- 정치, 종교, 개인사

• 타인의 뒷이야기

• 지나친 농담

이 주제들은 관계를 빠르게 틀어지게 만든다.

직장에서의 친밀함은 조심스럽게 쌓아야 하는 자산이다.

메신저와 이메일의 예절

요즘 직장에서 가장 많은 오해는 메신저에서 발생한다.

• 갑작스러운 단답

• 맥락 없는 지시

• 늦은 시간의 연락

메신저는 편리하지만 공식 기록이 되기도 한다.

그래서 메신저에서도 요청과 지시를 구분하고 간단한 인사말을 붙이며 늦은 시간에는 긴급성 여부를 명확히 하는 것이 필요하다.

회의에서의 예절

회의는 의견을 내는 자리이기도 하지만, 조직의 질서를 확인하는 자리이기도 하다.

• 남의 말을 끊지 않기

• 준비되지 않은 비판은 삼가기

• 결론이 나면 흔들지 않기

회의에서의 태도는 업무 능력보다 협업 가능성을 더 강하게 보여 준다.

복장은 개성을 표현하는 수단이지만, 직장에서는 상황을 해석하게 만드는 메시지이기도 하다.

- 너무 튀는 복장
- 지나치게 캐주얼한 차림
- 관리되지 않은 외형

이 모든 것은 업무 능력과 무관하게 평가에 영향을 준다.

중요한 것은 멋있어 보이는 것이 아니라, 불필요한 질문을 만들지 않는 것이다.

예절을 지키는 사람의 특징

예절을 잘 지키는 사람은 유난히 착해 보이지 않는다.

오히려 조용하다.

- 갈등이 적고
- 설명이 덜 필요하며
- 함께 일하기 편하다.

그래서 조직은 이런 사람에게 일을 더 맡긴다.

예절은 약자의 무기가 아니다

많은 사람들이 예절을 약자의 전략으로 오해한다.

하지만 실제로는 강자가 될수록 더 중요해지는 기술이다.

권한이 커질수록 사람들은 말 한마디, 태도 하나에 더 민감해진다.

예절은 자기를 낮추는 방식이 아니라, 자기 영향력을 안전하게 유지하는 방식이다.

기본적인 예절의 본질

기본적인 직장 예절의 본질은 단순하다.

상대가 불편해질 가능성을 미리 제거하는 것.

이것만 지켜도 직장 생활의 절반은 이미 성공이다.

능력은 시간이 지나면 드러나지만, 예절은 첫인상에서 이미 평가된다.

마지막으로, 직장은 완벽한 사람을 원하지 않는다.

다만 함께 일하기 괜찮은 사람을 원한다.

기본적인 직장 예절은 그 기준을 넘기 위한 가장 확실한 방법이다.

이 장을 읽고 내일 아침 인사를 조금 더 분명하게 하게 된다면, 그걸로 충분하다.

Chapter 3.
보고서 잘 쓰는 법

글을 잘 쓰는 사람이 아니라, 결정을 쉽게 만드는 사람

직장 생활에서 보고서는 유난히 오해를 많이 받는다.

보고서를 잘 쓴다는 말을 들으면, 글솜씨가 좋아야 할 것 같고, 문장이 유려해야 할 것 같고, 맞춤법 하나에도 예민해야 할 것처럼 느껴진다.

하지만 현실은 다르다.

보고서를 잘 쓰는 사람은 글을 잘 쓰는 사람이 아니라, 상대의 시간을 아껴줄 줄 아는 사람이다.

보고서는 문학이 아니다.

보고서는 기록도 아니다.

보고서는 결정을 돕기 위한 도구다.

보고서가 읽히지 않는 이유

많은 보고서가 열심히 썼음에도 불구하고 읽히지 않는다.

그 이유는 단순하다.

읽는 사람이 무엇을 해야 하는지 알 수 없기 때문이다.

보고서를 받는 상사는 늘 바쁘다.

하루에도 수십 개의 보고서와 메일을 본다.

이때 상사의 머릿속에는 이런 질문이 먼저 떠오른다.

'그래서, 내가 뭘 결정하면 되지?'

'이걸 왜 지금 알아야 하지?'

이 질문에 빠르게 답하지 못하는 보고서는 아무리 정성스럽게 써도 뒤로 밀린다.

결론은 앞에, 이유는 뒤에

보고서를 쓸 때 가장 먼저 버려야 할 습관은 '과정을 처음부터 설명하려는 태도'다.

학교에서는 근거를 차근차근 쌓아 결론에 도달하는 글을 배웠다.

하지만 회사에서는 그 순서가 반대다.

결론이 먼저다.

그리고 그 결론을 뒷받침하는 이유와 데이터가 뒤에 온다.

보고서의 첫 문장은 가능하면 이렇게 시작하는 것이 좋다.

- "이번 안건에 대한 결론은 다음과 같습니다."
- "검토 결과, 다음과 같은 방향을 제안드립니다."

이 한 문장만으로도, 보고서를 읽는 사람의 긴장은 크게 줄어든다.

보고서는 '정리'가 아니라 '번역'이다

보고서를 잘 못 쓰는 사람은 대개 이렇게 말한다.

"제가 한 일을 그대로 정리했을 뿐인데요."

문제는 바로 그 '그대로'에 있다.

보고서는 내가 한 일을 나열하는 문서가 아니다.

내가 한 일을 상대가 이해할 수 있는 언어로 바꾸는 작업이다.

실무자는 과정 중심으로 생각한다.

반면 의사결정자는 결과 중심으로 읽는다.

보고서의 역할은 이 둘 사이를 연결하는 것이다.

그래서 보고서는 언제나 '내가 중요하다고 생각한 것'이 아니라 '상대가 궁금해할 것'을 기준으로 구성되어야 한다.

좋은 보고서의 공통된 특징

잘 읽히는 보고서에는 몇 가지 공통점이 있다.

첫째, 페이지를 넘기지 않아도 요지가 보인다.

제목과 소제목만 읽어도 흐름이 이해된다.

둘째, 질문이 줄어든다.

보고서를 읽고 나서 "그래서?"라는 질문이 나오지 않는다.

셋째, 결정 이후의 행동이 자연스럽다.

보고서를 덮는 순간, 다음 단계가 떠오른다.

이 세 가지 중 하나라도 충족하지 못한다면, 보고서는 아직 완성되지 않은 것이다.

숫자와 데이터는 '증명'이 아니라 '도움'이다

많은 사람들이 숫자를 많이 넣을수록 보고서가 탄탄해진다고 믿는다.

하지만 숫자는 많을수록 좋지 않다.

의미 없는 숫자는 오히려 판단을 방해한다.

숫자는 결론을 증명하기 위한 무기가 아니라, 결정을 돕기 위한 참고 자료다.

보고서에 숫자를 넣을 때는 반드시 이 질문을 던져야 한다.

"이 숫자가 없으면, 판단이 어려워질까?"

그렇지 않다면 과감히 빼는 것이 낫다.

보고서를 망치는 가장 흔한 실수

첫째, 보고서를 한 번에 완성하려는 욕심이다.

좋은 보고서는 대부분 초안과 수정본의 차이가 크다.

처음부터 완벽하게 쓰려다 보면, 오히려 핵심을 놓친다.

둘째, 상사의 스타일을 무시하는 것이다.

어떤 상사는 간결함을 선호하고, 어떤 상사는 맥락을 중요하게 여긴다.

보고서는 개인 작품이 아니라 조직의 도구다.

셋째, 보고서로 설득하려는 태도다.

보고서는 싸움의 무기가 아니다.

의견을 강요하려는 순간, 읽는 사람은 방어적으로 변한다.

보고서는 능력이 아니라 배려다

보고서를 잘 쓰는 사람은 똑똑해 보인다.

하지만 더 정확히 말하면, 상대를 배려할 줄 아는 사람처럼 보인다.

- 결론을 앞에 두는 배려

- 불필요한 설명을 덜어 내는 배려

- 결정 이후를 생각해 주는 배려

이 배려가 쌓이면, 그 사람의 보고서는 자연스럽게 신뢰를 얻게 된다.

보고서를 통해 드러나는 것

보고서는 단순한 문서가 아니다.

그 사람의 사고 구조, 일 처리 방식, 조직을 이해하는 깊이가 그대로 드러난다.

보고서를 잘 쓴다는 것은 글을 잘 쓴다는 뜻이 아니다.

회사라는 시스템 안에서 생각할 줄 안다는 뜻이다.

그리고 그 능력은 눈에 띄지 않게, 그러나 가장 확실하게 당신의 가치를 높여 준다.

Chapter 4.
점심시간

가장 사소해 보이지만, 조직의 민낯이 드러나는 시간

점심시간은 업무도 아니고, 회식처럼 공식적인 자리도 아니다.

그래서 많은 신입 사원과 주니어들이 점심시간을 가볍게 여긴다.

하지만 직장 생활을 오래 해 본 사람들은 안다.

점심시간만큼 조직의 분위기가 솔직하게 드러나는 시간도 드물다.

회의실에서는 말로 설명되던 위계와 관계가 점심 식탁에서는 몸의 움직임으로 나타난다.

- 누가 먼저 나서는지

- 누가 누구 옆에 앉는지

- 누가 계산을 하는지

이 모든 것이 말없이 신호를 보낸다.

점심은 '휴식'이 아니라 '관계의 연장선'

점심시간을 완전히 개인 시간으로 생각하면 종종 어긋난다.

회사 안에서의 점심은 휴식이지만, 동시에 업무 관계의 연장선이다.

특히 입사 초기에는 점심이 곧 관찰의 시간이다.

조직은 점심을 통해 이렇게 본다.

"이 사람은 어디에 속하려 하는가."

"혼자 있는 것을 선호하는가, 아니면 관계를 회피하는가."

혼자 먹는 점심이 나쁘다는 뜻은 아니다.

다만, 매번 혼자 먹는 점심은 의도와 다르게 읽힐 수 있다.

조직은 이유를 묻지 않고, 패턴으로 판단한다.

점심 멤버는 어떻게 정해지는가

대부분의 팀에는 암묵적인 점심 멤버가 있다.

항상 함께 나가는 사람들, 늘 같은 자리에 앉는 사람들.

이 구조는 자연스럽게 만들어진 것처럼 보이지만, 사실은 관계의 역사다.

신입 사원이 여기서 가장 많이 하는 실수는 두 가지다.

하나는 무리하게 끼어드는 것,

다른 하나는 처음부터 선을 그어 버리는 것이다.

처음에는 초대받은 흐름을 따라가는 것이 가장 안전하다.

그리고 시간이 지나면, 자신에게 맞는 리듬을 천천히 만들어도 늦지 않다.

점심은 빠르게 친해지는 자리가 아니라, 천천히 익숙해지는 시간이다.

점심 자리에서의 대화 주제

점심 대화는 생각보다 민감하다.

업무 이야기만 하기도 애매하고, 사적인 이야기를 꺼내기에는 위험하다.

가장 안전한 주제는 다음과 같다.

• 가벼운 일상

- 최근의 사회적 이슈(정치 제외)

- 음식, 날씨, 취미

업무 이야기를 해야 할 때도 있다.

하지만 점심시간의 업무 대화는 정보 공유 수준을 넘지 않는 것이 좋다.

문제 제기나 불만은 점심 메뉴처럼 쉽게 소화되지 않는다.

계산은 누가 하는가

점심 계산은 작은 일처럼 보이지만, 조직 문화가 가장 직접적으로 드러나는 장면이다.

상사가 계산하는 문화도 있고, 각자 내는 문화도 있고, 돌아가며 내는 문화도 있다.

중요한 것은 그 조직의 방식에 맞추는 것이다.

신입이 먼저 계산을 하겠다고 나서는 것은 의욕적으로 보일 수도 있지만, 부담으로 느껴질 수도 있다.

반대로 항상 당연하게 얻어먹는 태도 역시 좋게 보이지 않는다.

눈치란 결국 상대의 편의를 읽는 능력이다.

점심 계산은 돈의 문제가 아니라, 그 편의를 어떻게 다루느냐의 문제다.

혼자 먹고 싶을 때의 기술

점심을 혼자 먹고 싶은 날은 누구에게나 있다.

그 자체로 문제는 아니다.

문제는 그 의도가 오해로 읽힐 때다.

혼자 먹고 싶을 때는 이렇게 하는 것이 좋다.

- 미리 말한다.

- 이유를 길게 설명하지 않는다.

- 가끔은 함께 먹는다.

"오늘은 개인 일정이 있어서 혼자 먹겠습니다."

이 정도면 충분하다.

습관처럼 반복되지 않는 한, 대부분의 조직은 이를 자연스럽게 받아들인다.

점심 약속이 갖는 의미

점심 약속은 회식보다 부담이 적고, 커피보다 밀도가 높다.

그래서 점심은 종종 관계를 조정하는 도구가 된다.

상사가 점심을 함께하자고 할 때, 그 의미는 다양할 수 있다.

단순한 식사일 수도 있고, 관계를 살펴보려는 신호일 수도 있다.

이때 중요한 것은 그 시간을 시험대처럼 대하지 않는 것이다.

자연스럽게, 과하지 않게, 업무 시간의 태도와 크게 다르지 않게 대하는 것이 가장 좋다.

점심시간이 남기는 것

점심시간은 사소해 보이지만, 조직 생활에서 누적되는 인상의 큰 부분을 차지한다.

말을 잘 하지 않아도 된다.

항상 함께할 필요도 없다.

다만 일관된 태도는 중요하다.

점심을 어떻게 보내느냐는 그 사람이 조직 안에서 어떤 속도로, 어떤 방식으로 관계를 만들어 가는지를 보여 준다.

직장 생활에서 중요한 것은 눈에 띄는 한 번의 선택보다, 작은 선택의 반복이다.

그리고 점심시간은 그 반복이 가장 조용히 쌓이는 시간이다.

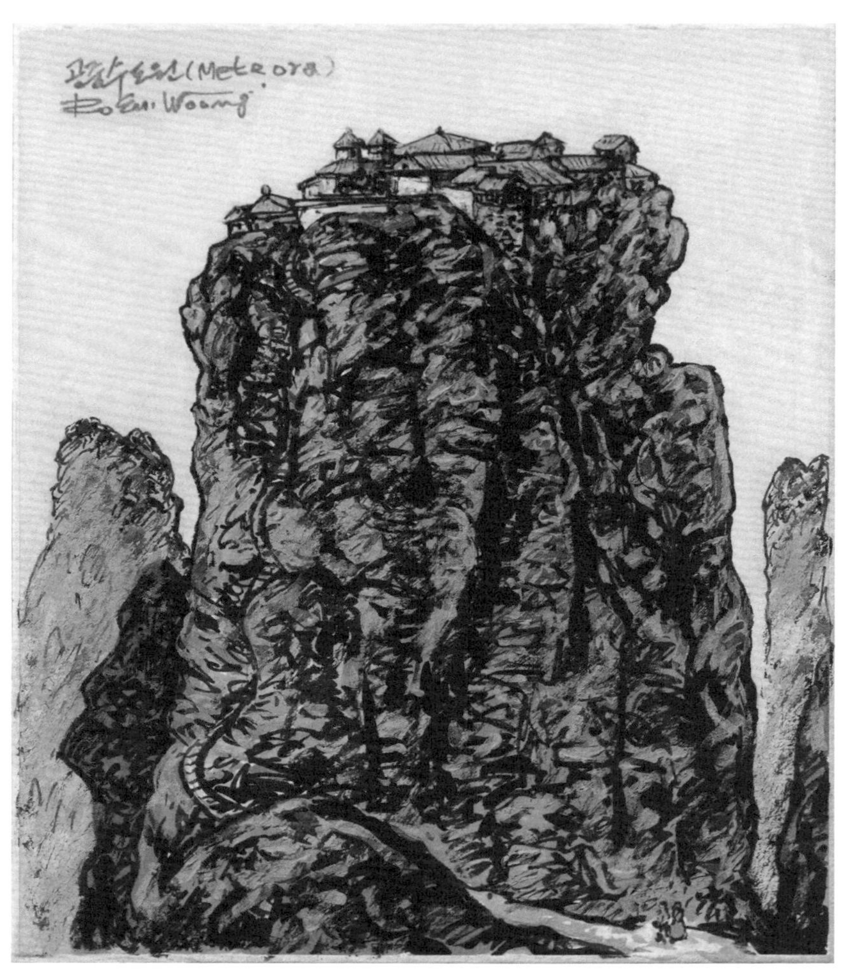

Chapter 5.
회식

회식은 여전히 직장 생활에서 가장 애매한 영역 중 하나다.

업무 시간도 아니고, 그렇다고 완전히 사적인 시간도 아니다.

술이 등장하는 순간 분위기는 느슨해지지만, 관계는 오히려 더 긴장된다.

회식이 어려운 이유는 단순하다.

역할의 경계가 흐려지기 때문이다.

상사는 편해지길 원하고, 부하는 편해 보이길 강요받는다.

이 미묘한 어긋남 속에서 말 한마디, 표정 하나가 과도한 의미를 갖게 된다.

회식은 친목의 자리가 아니다.

더 정확히 말하면, 친목을 빌미로 한 관찰의 시간에 가깝다.

회식에서 가장 먼저 버려야 할 착각

회식 자리에서 많은 신입 사원과 주니어들이 이런 부담을 느낀다.

"재미있어야 할 것 같다."

"분위기를 띄워야 할 것 같다."

하지만 회식에서 '재미있는 사람'이 되는 것은 목표가 아니다.

조직이 원하는 것은 광대가 아니라 함께 일해도 피곤하지 않은 사람이다.

과한 농담, 무리한 리액션, 필요 이상의 자기 노출은 순간 분위기를 살릴 수는 있지만, 오래 남는 평가는 아니다.

회식에서 가장 안전한 포지션은 조용하지만 무례하지 않은 사람이다.

회식 자리의 기본 행동 요령

회식에서 지켜야 할 원칙은 생각보다 단순하다.

첫째, 말보다 듣는 쪽에 무게를 둔다.

상사의 이야기가 진부하게 느껴질 수 있다. 이미 수십 번 들은 이야기일 수도 있다. 하지만 그 이야기는 정보라기보다 관계 신호에 가깝다. 고개를 끄덕이고, 끊지 않고, 과하지 않게 반응하는 것만으로도 충분하다.

둘째, 술은 분위기에 맞춘다.

잘 마신다고 과시할 필요도 없고, 전혀 못 마신다고 방어할 필요도 없다. 중요한 것은 양이 아니라 태도다. 한두 잔 이후에는 스스로 조절할 줄 아는 사람이 가장 안정적으로 보인다.

셋째, 상사와 지나치게 가까운 자리도, 너무 먼 자리도 피한다.

옆자리에 앉아 과도하게 반응하는 것도 부담이고, 끝자리에 앉아 멀리 떨어져서 완전히 분리되는 것도 어색하다. 중간 지대가 가장 안전하다.

넷째, 다른 사람의 실수에 웃음을 얹지 않는다.

누군가 술에 취해 실언을 했을 때, 그걸 웃음으로 소비하는 순간 그 장면은 오래 기억된다. 회식에서 가장 신뢰를 잃는 행동 중 하나다.

회식은 공식 자리는 아니지만, 그렇다고 기록이 남지 않는 시간도 아니다.

첫째, 업무 불만을 감정적으로 쏟아 내는 것.

"사실 말인데요….."로 시작하는 말은 대부분 후회를 남긴다. 회식은 문제 해결의 자리가 아니다.

둘째, 오해할 수 있는 사적인 질문을 하는 것.

연애, 결혼, 가족, 재정 상태…. 분위기가 편해졌다 해도, 넘지 말아야 할 선은 분명히 존재한다.

셋째, 술을 핑계로 한 무례.

술은 면책 사유가 아니다. 조직은 "술을 마셔서 그랬다."를 성숙한 변명으로 받아들이지 않는다.

회식은 언제 끝내는 게 좋을까

회식의 가장 어려운 부분 중 하나는 언제 빠져야 하는가다.

너무 일찍 가면 뜬 것 같고, 끝까지 남자니 다음 날이 걱정된다.

가장 좋은 타이밍은 이렇다.

- 1차가 끝날 무렵

- 분위기가 정점에서 조금 내려올 때

- 상사가 이미 한두 명의 귀가를 자연스럽게 받아들였을 때

이때 짧고 단정하게 말하는 것이 중요하다.

"오늘 재미있었습니다. 먼저 들어가 보겠습니다."

설명은 길 필요가 없다. 구체적인 핑계는 오히려 의심을 부른다.

모든 회식에 참여해야 하는 것은 아니다.

다만 회식을 피하는 방식에는 기술이 필요하다.

첫째, 처음부터 반복적으로 빠지지 않는다.

입사 초기에는 가능한 한 몇 번은 얼굴을 비추는 것이 좋다. 관계의 기본 신뢰를 만든 뒤에야 조정이 가능하다.

둘째, 개인 사정보다는 구조를 이유로 든다.

'개인적인 사정'은 설명을 요구받기 쉽다.

반면 '다음 날 일정', '외부 약속', '컨디션 관리'는 비교적 안전하다.

셋째, 항상 빠지기만 하지 말고 대안을 만든다.

회식 대신 점심, 커피, 짧은 티타임을 제안하는 것은 관계를 유지하면서도 부담을 줄이는 방법이다.

넷째, 미리 말하고, 갑자기 사라지지 않는다.

회식 자리에 왔다가 말없이 빠지는 행동은 가장 나쁘다. 회식에 참석하지 않는 것보다 더 부정적으로 남는다.

회식은 친해지기 위한 자리가 아니다.

정확히 말하면, 누가 어떤 사람인지 어렴풋이 드러나는 시간이다.

말을 많이 하지 않아도, 술을 많이 마시지 않아도 괜찮다.

중요한 것은 일관성이다.

업무 시간의 태도와 회식 자리의 태도가 크게 다르지 않은 사람은 신뢰를 얻는다.

회식이 즐거울 필요는 없다.

다만 불필요한 오해를 남기지 않는 자리로 만드는 것은 충분히 가능하다.

직장 생활은 일로만 이루어지지 않는다.

그리고 그 사실을 가장 분명하게 보여 주는 시간이 바로 회식이다.

Ro Eul Woong
2016.2.7

PART 2
회사의 시스템

이 파트는 회사가 감정이 아니라 제도로 움직인다는 사실을 이해하기 위한 장이다. 평가와 보상, 교육, 비용 정산, 컴플라이언스는 개인의 성실함과 무관하게 반드시 영향을 미치는 구조이다. 이 시스템을 이해하는 순간, 많은 억울함과 오해는 줄어든다.

Chapter 6.
평가 보상

평가에는 정답이 없다

이 말은 직장 생활을 조금이라도 해 본 사람이라면 한 번쯤 들어 봤을 문장이다. 그리고 이상하게도, 이 말에는 분명히 정답이 있다.

그 어떤 직원도 자신의 평가에 완전히 만족하지 않는다는 사실이다.

설령 최고 등급을 받았다고 해도 마음이 편하지 않다.

나보다 부족해 보이던 동료가 같은 등급을 받았다는 사실을 알게 되는 순간, 기쁨은 빠르게 식는다.

만족은 비교 앞에서 늘 무력하다.

평가란 결국 숫자와 등급으로 표현되지만, 감정은 그렇게 단순하지 않다.

평가가 어려운 이유

평가는 개인에게는 삶의 문제지만, 조직에게는 관리의 문제다.

이 간극이 평가를 늘 불편하게 만든다.

직원은 자신의 1년을 평가받는다고 느낀다.

반면 조직은 여러 명의 직원을 한 장의 표 위에 올려놓고 비교해야 한다.

평가자는 각자의 사정과 맥락을 모두 이해하고 싶지만, 현실적으로 그럴 수 없다.

결국 평가는 완벽한 공정함이 아니라, 설명 가능한 기준을 향해 움직인다.

여기서 많은 오해가 생긴다.

"열심히 했는데 왜 점수가 이럴까?"

이 질문에 대한 답은 냉정하다.

열심히 했다는 사실이, 평가자에게 충분히 보이지 않았을 가능성이다.

평가는 노력의 총합이 아니다

평가는 노력의 기록이 아니다.

평가는 기억에 남은 결과와 인상의 조합에 가깝다.

이 말은 불공정하게 들릴 수 있다. 그러나 현실에 가깝다. 평가자는 수십 명의 직원과 수백 개의 업무를 동시에 떠올려야 한다.

이때 평가자의 머릿속에 남는 것은,

- 명확한 성과

- 문제를 해결한 순간

- 책임 있게 대응했던 장면

같은 장면들이다.

반대로, 꾸준히 고생했지만 눈에 띄는 결과가 남지 않았다면, 그 노력은 평가에서 희미해지기 쉽다.

이것이 옳다고 말하기는 어렵다.

다만 이것이 작동하는 방식이라는 점은 분명하다.

'나는 할 말이 많다'라는 위험한 신호

평가 시즌이 되면 이런 말을 자주 듣는다.

"할 말은 정말 많은데요…."

이 문장은 대부분 억울함에서 나온다.

하지만 동시에 위험한 신호이기도 하다.

할 말이 많다는 것은, 그동안 자신의 성과와 기여를 정리해서 전달하지 못했다는 뜻일 가능성이 크다.

조직은 개인의 머릿속을 들여다보지 않는다.

성과는 스스로 정리되어 공유될 때 비로소 존재한다.

이것이 보고, 중간 점검, 주간 공유가 중요한 이유다.

평가 시즌에 갑자기 모든 것을 설명하려 하면, 이미 늦은 경우가 많다.

평가를 준비하는 사람의 태도

평가를 잘 받는 사람과 못 받는 사람의 차이는 능력보다 태도에서 갈리는 경우가 많다.

평가를 잘 받는 사람은 이렇게 생각한다.

'평가는 연말 이벤트가 아니라, 연중 관리다.'

이들은 자신의 일을 다음과 같이 정리해 둔다.

- 어떤 **목표와 연결**되는지

- 어떤 **문제를 해결**했는지

- 조직에 어떤 **영향**을 주었는지

그리고 그 내용을 자연스럽게 공유한다.

반대로 평가에 늘 불만이 많은 사람은, 자신의 노력을 당연한 것으로 가정한다.

그러나 조직에서 당연한 것은 거의 없다.

설명되지 않은 성과는 존재하지 않는 성과에 가깝다.

보상은 평가보다 더 민감하다. 숫자로 표현되기 때문이다.

- 연봉

- 인센티브

- 승진

이 모든 것은 개인의 자존감과 직결된다.

많은 사람들이 보상을 '공정함'의 문제로 이해한다.

그러나 조직은 보상을 설명 가능성의 문제로 다룬다.

- 왜 이 사람이 이만큼 받았는지

- 왜 이 시점에 승진했는지

- 왜 이번에는 제외되었는지

이 질문에 조직이 답할 수 있어야 한다.

그 답이 완벽히 납득되지 않더라도, 최소한 논리는 있어야 한다.

여기서 중요한 사실 하나.

보상은 개인의 가치를 평가하는 절대 지표가 아니다.

보상은 조직 내에서의 상대적 위치를 반영한 결과일 뿐이다.

이 차이를 받아들이지 못하면, 보상은 늘 자존감의 상처로 남는다.

비교는 본능이지만, 전략은 아니다

평가와 보상 앞에서 비교는 피할 수 없다.

그러나 비교는 본능일 뿐, 전략은 아니다.

"저 사람보다 내가 못한 게 뭐지?"

이 질문은 잠깐은 도움이 되지만, 오래 붙잡고 있으면 독이 된다. 비교는 결국 외부 기준에 나를 묶어 두기 때문이다.

더 생산적인 질문은 이것이다.

"내가 통제할 수 있는 것은 무엇인가?"

조직의 평가 제도는 내가 바꿀 수 없다.

동료의 점수도 내가 정할 수 없다.

그러나

• 나의 업무 정리 방식

• 성과를 공유하는 태도

• 다음 평가를 위한 준비

는 내가 선택할 수 있다.

평가를 다음 장으로 넘기는 법

평가 결과가 마음에 들지 않을 때, 가장 위험한 선택은 냉소다.

"어차피 다 정해져 있어."

이 태도는 잠시 마음을 편하게 해 주지만, 결국 성장을 멈추게 만든다.

평가를 성찰의 자료로 쓰는 사람은 이렇게 한다.

• 무엇이 부족했는지 묻고

• 무엇을 보완하면 좋을지 듣고

• 다음 기회를 준비한다.

평가는 끝이 아니라 다음 장의 자료다.

이 관점을 가질 수 있다면, 평가는 덜 아프고 조금 더 유용해진다.

평가에는 정답이 없다.

그러나 평가를 대하는 태도에는 분명한 차이가 있다.

그 차이가, 시간이 지나면 커다란 격차가 된다.

Chapter 7.
교육 훈련

회사는 사람을 키워 주지 않는다, 기회를 줄 뿐이다

직장에 들어오기 전에는 이런 기대를 하게 된다.

'입사하면 체계적으로 교육을 받겠지.'

'회사에서 나를 전문가로 키워 주겠지.'

현실은 조금 다르다.

회사는 사람을 키워 주지 않는다.

정확히 말하면, 키워 줄 의무가 없다.

회사가 제공하는 것은 교육이 아니라 기회에 가깝다.

이 차이를 이해하지 못하면, 교육과 훈련은 늘 실망으로 끝난다.

교육을 둘러싼 가장 흔한 오해

많은 신입 사원과 주니어들이 교육에 대해 이렇게 말한다.

"교육이 너무 형식적이에요."

"실무에 도움이 안 돼요."

이 말이 틀렸다고 할 수는 없다.

하지만 절반은 맞다.

회사 교육은 학교 수업과 목적이 다르다.

학교는 학생을 성장시키는 곳이고, 회사는 업무를 안정적으로 굴리기 위한 최소한의 장치를 만드는 곳이다.

그래서 회사 교육은

• 깊지 않고

• 친절하지 않으며

• 개인의 속도를 고려하지 않는다.

이 점을 이해하지 못하면

교육은 늘 부족해 보일 수밖에 없다.

교육을 대하는 태도가 결과를 바꾼다

같은 교육을 받아도 누군가는 성장하고, 누군가는 변하지 않는다.

차이는 재능이 아니라 태도에서 나온다.

교육을 성장의 재료로 쓰는 사람은 이렇게 생각한다.

'이 교육에서 내가 가져갈 수 있는 건 무엇일까?'

반대로 교육을 시간 낭비로 여기는 사람은 교육이 끝나는 순간 기억도 함께 버린다.

회사는 개인의 성장을 세세하게 관리하지 않는다.

대신 교육이라는 도구를 테이블 위에 올려놓을 뿐이다.

그 도구를 집어 드는 것은 개인의 몫이다.

교육은 완성이 아니라 방향 제시다

회사 교육이 실무에 바로 적용되지 않는다고 느껴질 때가 많다.

그 이유는 교육의 목적이 즉각적인 실무 투입이 아니라 방향 제시에 있기 때문이다.

교육은

"이 회사에서는 이런 방식으로 생각한다."

"이 조직에서는 이런 기준을 중요하게 본다."

를 알려 주는 신호다.

그 신호를 읽지 못하면, 교육은 내용 없는 시간으로 남는다.

반대로 그 방향을 이해하면, 이후의 학습과 경험이 훨씬 빨라진다.

훈련은 교육보다 훨씬 조용하다

교육이 공식적인 자리라면, 훈련은 대부분 비공식적인 순간에 이루어진다.

• 반복되는 보고 수정

• 다시 돌아오는 피드백

• 같은 실수를 하지 않게 만드는 과정

이것이 진짜 훈련이다.

훈련은 불편하다.

그리고 대체로 칭찬을 동반하지 않는다.

그래서 많은 사람들이 훈련을 '나를 못 믿어서' 혹은 '나를 깎아내리려고' 라고 오해한다.

하지만 대부분의 경우, 그건 기대의 신호다.

기대하지 않는 사람에게는 굳이 훈련을 시키지 않는다.

교육과 훈련의 가장 큰 차이

교육은 모두에게 제공되지만, 훈련은 아무에게나 주어지지 않는다.

훈련은

- 시간이 들고

- 에너지가 필요하며

- 담당자의 책임이 커진다.

그래서 조직은 훈련을 받을 만한 사람에게만 의도적으로 더 많은 기회를 준다.

반복되는 지적과 수정은 귀찮고 불편할 수 있다.

하지만 그 순간을 이렇게 해석할 수 있다면 상황은 달라진다.

"아, 나를 놓지 않고 있구나."

'배워야 할 게 너무 많아요'라는 말의 의미

신입 시절에는 배워야 할 것이 끝없이 느껴진다.

시스템, 사람, 업무 방식, 보고 문화…. 모두 낯설다.

이때 중요한 것은 모든 것을 한 번에 잘하려 하지 않는 것이다.

교육과 훈련은 계단처럼 쌓이지 않는다.

종종 옆으로 이동했다가 다시 돌아오는 과정을 반복한다.

조급함은 학습의 가장 큰 적이다.

천천히 익숙해지는 것을 실패로 착각하지 말아야 한다.

교육을 자기 것으로 만드는 방법

교육을 자기 것으로 만드는 가장 확실한 방법은 작은 적용이다.

교육에서 들은 것 중 하나만 골라 실무에 적용해 보는 것.

완벽할 필요는 없다.

어설퍼도 된다.

중요한 것은 시도했다는 사실이다.

그 시도는 다음 피드백을 불러오고, 그 피드백은 다시 훈련으로 이어진다.

이 순환이 만들어질 때, 교육은 비로소 의미를 갖는다.

회사가 정말로 보고 있는 것

회사가 교육을 통해 보는 것은 시험 점수도, 수료증도 아니다.

회사는 이렇게 본다.

• 이 사람이 배우려는 태도를 유지하는가

• 피드백을 방어적으로 받아들이지 않는가

• 같은 실수를 반복하지 않는가

이 신호들이 쌓이면 그 사람은 '더 맡겨볼 만한 사람'으로 분류된다.

교육과 훈련의 진짜 목적

교육과 훈련의 진짜 목적은 전문가를 만드는 것이 아니다.

조직 안에서 스스로 자리를 잡을 수 있는 사람을 만드는 것이다.

회사는 모든 길을 안내해 주지 않는다.

대신 방향 표지판 몇 개를 세워 준다.

그 표지판을 보고 어디로 갈지 결정하는 것은 결국 개인이다.

교육을 대하는 사람의 미래

교육을 의무로 대하는 사람과 기회로 대하는 사람의 차이는 시간이 갈수록 커진다.

그 차이는 연봉표보다, 직급표보다, 훨씬 조용히 그러나 확실하게 벌어진다.

직장 생활에서 가장 오래가는 사람은 가장 많이 배운 사람이 아니라, 계속 배우는 사람이다.

Chapter 8.
비용 정산

작은 영수증 하나가 사람을 평가한다

비용 정산은 늘 사소해 보인다.

점심값, 택시비, 출장비, 간단한 접대비….

일을 하다 보면 자연스럽게 발생하고, 대부분은 큰 고민 없이 처리한다.

그래서 더 위험하다.

비용 정산은 금액보다 태도가 기록되는 영역이기 때문이다.

조직에서 비용 정산은 돈을 돌려받는 절차가 아니라, 신뢰를 관리하는 절차에 가깝다.

'이 정도는 괜찮지 않을까'의 시작

비용 정산에서 문제가 시작되는 지점은 대개 같다.

'이 정도는 다들 하는데.'

'회사 일 때문에 쓴 건 맞잖아.'

'굳이 이렇게까지 엄격해야 하나?'

이 생각은 대부분 악의가 아니라 관행에 대한 오해에서 출발한다.

하지만 규정은 '대충 이 정도'라는 감각으로 만들어지지 않는다.

규정은 법, 감사, 외부 시선, 선례를 기준으로 만들어진다.

개인의 상식과 조직의 규정은 자주 어긋난다.

비용 정산은 개인의 도덕성 시험이 아니다

많은 사람들이 비용 정산을 도덕성의 문제로 받아들인다.

"나는 그런 사람 아니다."

"이 정도로 문제 삼는 건 너무하다."

그러나 조직은 사람의 마음을 평가하지 않는다.

기록만 본다.

영수증, 사용 내역, 결재 라인.

이것들이 전부다.

그래서 비용 정산에서 중요한 것은 양심이 아니라 규정이다.

규정에 맞는다는 것의 진짜 의미

규정에 맞게 정산한다는 것은 최소 비용으로 정산하라는 뜻이 아니다.

또한 회삿돈을 쓰지 말라는 뜻도 아니다.

규정에 맞는다는 것은

- 목적이 명확하고

- 사용 내역이 설명 가능하며

- 외부에 공개되어도 문제없다는 뜻이다.

이 기준을 통과하지 못하면 아무리 소액이라도 리스크가 된다.

가장 흔한 실수들

비용 정산에서 가장 자주 문제가 되는 장면들은 의외로 비슷하다.

• 개인 일정과 겹친 식사 비용

• 출장 중 사적인 이동 비용

• 가족·지인의 동반 비용

이때 사람들은 "일 겸해서 쓴 거다."라고 설명한다.

하지만 규정은 '겸해서'라는 말을 인정하지 않는다.

업무 목적이 명확하지 않으면, 사비다.

비용 정산에서의 가장 안전한 기준

비용 정산을 할 때 스스로에게 던져야 할 질문은 이것이다.

"이 내역을 공개 회의에서 큰 화면으로 보여 줘도 불편하지 않을까?"

이 질문에 조금이라도 망설여진다면, 정산하지 않는 편이 낫다.

비용 정산은 설명할 수 있느냐의 문제가 아니라, 설명하지 않아도 괜찮으냐의 문제다.

영수증보다 중요한 것

영수증은 필요조건이지, 충분조건이 아니다.

영수증이 있다고 해서 정산이 정당해지는 것은 아니다.

반대로 영수증이 없다고 해서 모두 부정이 되는 것도 아니다.

조직이 보는 것은 세 가지다.

• 사용 목적

- 사용 맥락

- 반복 여부

특히 반복은 매우 중요하다.

한 번은 실수일 수 있지만, 반복은 패턴이 된다.

그리고 패턴은 의심으로 이어진다.

비용 정산은 언제 문제가 되는가

비용 정산이 즉시 문제 되는 경우는 드물다.

대부분은 나중에 문제가 된다.

- 감사가 들어왔을 때

- 내부 갈등이 생겼을 때

- 조직을 떠날 때

이때 과거의 정산 내역이 갑자기 다시 해석된다.

그래서 비용 정산은 '지금 괜찮은가'가 아니라, '나중에도 괜찮을까'를 기준으로 해야 한다.

'다들 그렇게 한다'라는 가장 위험한 말

조직에서 가장 위험한 조언 중 하나는 이것이다.

"다들 그렇게 해."

규정 위반은 집단적으로 한다고 해서 정당해지지 않는다.

문제가 생기면 책임은 늘 개인에게 돌아온다.

관행은 방패가 되지 않는다.

비용 정산을 늘 깔끔하게 처리하는 사람은 의외로 평가에서 이득을 본다.

그 이유는 단순하다.

그 사람에게는 설명 비용이 들지 않기 때문이다.

반대로 비용 정산에서 자주 말이 나오는 사람은 업무 능력과 상관없이 신뢰 비용을 계속 치르게 된다.

조직은 불필요한 리스크를 싫어한다.

비용 정산을 대하는 성숙한 태도

성숙한 태도는 회삿돈을 쓰지 않는 것이 아니다.

회삿돈을 회사 방식으로 쓰는 것이다.

- 애매하면 묻고
- 예외는 기록으로 남기며
- 기준이 바뀌면 바로 맞추는 것

이 태도는 스스로를 보호한다.

비용 정산은 나를 지키는 기술이다

비용 정산은 돈을 더 받기 위한 기술이 아니다.

문제를 만들지 않기 위한 기술이다.

이 기술은 눈에 띄지 않지만, 한번 문제가 생기면 회복하기 어렵다.

그래서 비용 정산은 조심해서 다뤄야 할 영역이지, 요령을 부릴 영역이 아니다.

마지막으로 기억해야 할 것

직장 생활에서 가장 억울한 순간은 큰 잘못이 아니라 작은 실수로 신뢰를 잃을 때다.

비용 정산은 작아 보이지만, 그 사람의 기준을 가장 정확하게 보여 준다.

규정에 부합한 비용 정산은 회사를 위한 행동이 아니다.

나를 오래 지키기 위한 선택이다.

이 장을 덮을 때 영수증 하나를 조금 더 천천히 보게 된다면, 그것으로 충분하다.

Chapter 9

컴플라이언스

'몰랐습니다'는 면죄부가 아니라, 리스크의 시작이다

컴플라이언스는 친절한 조언이 아니다.

"이렇게 하면 더 좋아요."가 아니라,

"이렇게 하면 끝납니다."에 가깝다.

누군가는 컴플라이언스를 '규정 좀 지키는 것' 정도로 생각한다.

하지만 실제 회사에서 컴플라이언스는 법·감사·평판·거래처·주주·언론이 한꺼번에 얽힌 생존 장치다.

한번 문제가 터지면 개인은 물론 조직 전체가 흔들린다.

그리고 그 흔들림은 대개 이런 문장으로 시작한다.

"다들 그렇게 하던데요."

"이 정도는 괜찮지 않나요?"

"업무를 위해서였어요."

"전 몰랐습니다."

이 문장들은 모두, 사후에 보면 거의 같은 의미다.

"증거로 남아 버렸다."

사람들은 억울해한다.

"나는 나쁜 의도가 없었다."라고 말한다.

하지만 컴플라이언스에서 핵심은 의도가 아니라 입증 가능성이다.

회사와 수사 기관과 법원은 마음을 읽지 않는다.

기록을 본다.

- 누가 승인했는가
- 어떤 절차였는가
- 이메일/메신저/결재/영수증/계약서가 남아 있는가
- 동일한 패턴이 반복되는가

그래서 컴플라이언스는 착하게 살자는 이야기가 아니라, 살아남는 방식에 대한 이야기다.

컴플라이언스는 '나만 조심'으로 해결되지 않는다.

시스템과 습관으로 관리해야 한다.

직장인이 꼭 알아야 할 컴플라이언스 핵심 10원칙

1. 모호하면 하지 않는다.

모호한 건 '회색'이 아니라, 나중에 '검정'이 되기 쉽다.

2. 승인 없는 선의는 선의가 아니다.

선의를 증명하는 유일한 방법은 사전 승인이다.

3. 예외는 예외가 아니라 선례가 된다.

한 번 허용된 예외는 다음번에 "왜 이번엔 안 돼?"로 돌아온다.

4. 메신저로 처리하면, 메신저가 증거가 된다.

농담처럼 한 말도 캡처되면 문서다.

5. 업무와 사적 영역을 섞지 않는다.

시간·비용·차량·법인 카드·출장 일정에 '겸사겸사'는 없다.

6. 거래처는 '친한 사람'이 아니라 '통제해야 할 이해관계자'다.

접대·선물·편의 제공은 가장 흔한 사고 지점이다.

7. 문서화는 방어가 아니라 기본이다.

구두 합의는 합의가 아니라 '기억 대결'이다.

8. 자기 직급이 올라갈수록 더 위험하다.

권한이 커질수록 '정당한 재량'과 '남용'의 경계가 얇아진다.

9. 내가 아니라 '외부' 시선으로 점검한다.

"외부에 나가도 당당한가?"

"감사에서 묻는 질문에 한 문장으로 답할 수 있는가?"

10. 컴플라이언스는 한 번의 결심이 아니라 반복 훈련이다.

정산, 승인, 회의록, 계약서. 결국 습관의 총합이다.

현장에서 특히 많이 터지는 '레드 플래그(위험/경고 신호)' 8가지

- 정산/증빙: 영수증 쪼개기, 항목 바꿔치기, 사적 비용 혼입

- 도급/파견: 실질 지휘·감독, 근태 관리, 인사권 개입(불법 파견 논란 촉발)

- 거래처 관리: 선물·접대·편의 제공의 반복, 특정 업체 '밀어주기'

- 채용/인사: 지인 추천을 넘어선 압력, 프로세스 우회

- 자산/회사 물품: 회사 차량·법인 카드의 '사적 사용' 회색 지대

- 정보/보안: 고객/직원 개인 정보 유출, 내부 자료 외부 공유

- 자본 시장: 미공개 정보로 거래, 시세 영향 목적의 행위

• 해외 거래: '현지 관행'이라는 명목의 부적절한 지급

이 레드 플래그는 '나쁜 사람'이어서 발생하는 게 아니다.

대부분 시간 압박+관행+'이번 한 번'이 합쳐져서 생긴다.

컴플라이언스를 '엄격하게' 강조해야 하는 이유

컴플라이언스 위반이 무서운 이유는 벌금 때문만이 아니다.

• 한 번의 위반이 개인 평판을 바꾼다.

• 조직은 사람을 해고하기 전, 보통 기록을 쌓는다.

• 외부 감사/수사/분쟁이 시작되면, 그때부터는 통제권이 회사 밖으로 나간다.

• '업무상 필요'라는 변명은 대부분 통하지 않는다(업무상 필요라면 사전 승인과 문서
  가 있어야 한다).

즉, 컴플라이언스는 '좋은 직원'이 되기 위한 조건이 아니라 퇴로를 남겨
두는 기술이다.

마지막으로, 컴플라이언스는 '나를 지키는 무기'다

컴플라이언스를 지키는 사람은 답답해 보일 때가 있다.

일이 느려지고, 확인이 많고, '원칙'을 말하니까.

하지만 시간이 지나면 알게 된다.

원칙을 지킨 사람은 결과적으로 가장 빠르게 회복한다.

문제가 생겼을 때도 '설명'이 아니라 '증거'로 말할 수 있기 때문이다.

컴플라이언스를 잘 지키는 사람은 착한 사람이 아니라 준비된 사람이다.

PART 3

사람과 관계

이 파트는 사전에 교육이나 설명을 듣지는 못하였지만, 가장 많은 에너지를 소모하게 만드는 영역이다. 조직 안의 정치, 줄타기, 갑의 위치, 불편한 사람과의 대화, 애경사 문화는 피할 수 없는 현실이다. 이 장에서는 공격하지 않고도 자신을 지키는 방법을 다룬다.

Chapter 10.
정치적 해법

피할 수 없다면, 이해하고 거리 두는 법을 배워야 한다

직장 생활에서 '정치'라는 단어만큼 오해를 많이 받는 말도 드물다.

정치라고 하면 음모, 줄서기, 뒷담화, 편 가르기를 떠올린다.

그래서 많은 신입 사원과 주니어들은 이렇게 말한다.

"저는 정치 같은 건 잘 못합니다."

혹은 "저는 일로만 승부하고 싶습니다."

이 말은 순수하지만, 동시에 위험하다.

정치를 부정하는 순간, 정치는 더 강하게 작동한다.

정치가 생기는 이유

조직에서 정치는 개인의 성향 때문에 생기지 않는다.

정치는 구조 때문에 생긴다.

• 자원은 한정되어 있고

• 결정은 늦어지고

• 책임은 불명확할 때

사람들은 자연스럽게 자신의 위치를 확보하려 한다.

이 과정에서 이해관계가 엇갈리고, 그 교차점에서 정치가 만들어진다.

정치는 누군가 나빠서 생기는 현상이 아니다.

정치는 조직이 커질수록, 복잡해질수록 거의 필연적으로 발생하는 부산물에 가깝다.

'정치는 안 한다'라는 말의 함정

정치를 하지 않겠다는 태도는 종종 이렇게 해석된다.

"나는 상황을 읽지 않겠다."

"나는 맥락을 고려하지 않겠다."

물론 본인은 그렇게 생각하지 않는다.

그저 공정하고 싶을 뿐이다.

하지만 조직은 개인의 의도를 묻지 않는다.

행동의 결과로 판단한다.

정치를 전혀 고려하지 않는 사람은 자기도 모르는 사이에 가장 불리한 위치에 서게 되는 경우가 많다.

정치적 행동과 정치적 감각은 다르다

여기서 중요한 구분이 있다.

정치적으로 행동하는 것과 정치적 감각을 갖는 것은 전혀 다른 문제다.

정치적 행동이

- 편을 가르고

- 소문을 옮기고

- 유리한 쪽에 붙는 행위라면

정치적 감각은

• 누가 무엇을 결정하는지 알고

• 왜 결정이 늦어지는지 이해하고

• 어떤 말이 지금은 위험한지 아는 능력이다.

이 책에서 말하는 정치적 해법은 전자가 아니라 후자에 관한 이야기다.

조직에서 진짜 중요한 질문

정치가 작동하는 조직에서 일을 잘하기 위해 던져야 할 질문은 이것이다.

"이 결정은 누가 내리는가?"

"형식상 책임자와 실제 영향력자는 같은가?"

"이 사안에서 말해도 되는 것과 아직 말하면 안 되는 것은 무엇인가?"

이 질문을 던질 수 있는 사람은 정치에 휘둘리지 않는다.

대신 정치의 흐름을 예측 가능하게 만든다.

말보다 중요한 것은 타이밍이다

정치적 실수의 대부분은 내용이 아니라 타이밍에서 발생한다.

맞는 말이라도

• 너무 이른 시점에

• 너무 많은 사람 앞에서

• 책임자가 부재한 상황에서

나오면 문제를 만든다.

조직은 진실보다 관리 가능성을 먼저 본다.

그래서 정치적 감각이 있는 사람은 '무엇을 말할까'보다 '언제, 어디서, 누구에게 말할까'를 더 고민한다.

회의실 안과 밖은 다르다

회의실 안에서는 합리적인 논의가 이루어지는 것처럼 보인다.

하지만 많은 결정은 이미 회의실 밖에서 방향이 정해진 상태이다.

이 사실을 모르면 회의실에서만 모든 것을 해결하려다 지친다.

반대로 이 사실을 이해하면 회의는 싸움의 장이 아니라 확인의 장이 된다.

정치적 감각이 있는 사람은 회의 전후의 대화를 더 중요하게 본다.

줄을 서지 않고도 살아남는 방법

정치 이야기에서 가장 많이 나오는 질문이 있다.

"결국 줄을 서야 하나요?"

답은 이렇다.

줄을 설 필요는 없지만, 흐름을 모르면 위험하다.

특정 인물에게 과도하게 밀착하는 것은 단기적으로는 안전해 보일 수 있지만, 상황이 바뀌면 가장 먼저 흔들린다.

가장 안정적인 전략은

- 한 사람에게만 의존하지 않고

- 여러 이해관계자와 최소한의 신뢰를 유지하며

- 불필요한 적을 만들지 않는 것이다.

이것은 기회주의가 아니라 리스크 관리에 가깝다.

Chapter 11.
줄타기

애매함을 견디는 사람이 오래 간다

직장 생활을 하다 보면, 명확하게 편을 나누기 어려운 순간들이 찾아온다.

이쪽도 맞는 것 같고, 저쪽도 이해가 된다.

어느 한쪽에 서는 순간,

다른 한쪽을 적으로 만들 것 같은 상황.

이때 많은 사람들이 고민한다.

'이게 줄타기인가?'

'너무 비겁한 건 아닐까?'

하지만 조직에서의 줄타기는 기회주의가 아니라 균형의 기술에 가깝다.

줄타기는 왜 필요해지는가

조직은 늘 논리적으로 움직이지 않는다.

사람과 사람 사이에는 감정과 이해관계가 얽혀 있다.

그래서 조직 안에는

• 맞는 말이 동시에 여러 개 존재하고

• 결정이 늦어지며

• 책임이 분산되는 순간들이 반복된다.

이 구조 속에서 모든 사안에 명확한 입장을 밝히는 사람은 생각보다 빨리 소진된다.

줄타기는 이 복잡한 구조 속에서 자신을 지키기 위한 현실적인 선택이다.

줄타기와 회피의 차이

줄타기와 회피는 다르다.

회피는 아무것도 하지 않는 것이고,

줄타기는 상황을 읽고 움직이는 것이다.

줄타기를 잘하는 사람은

• 침묵해야 할 때를 알고

• 말해야 할 때를 놓치지 않으며

• 결정이 내려진 뒤에는 흔들리지 않는다.

반면 회피하는 사람은, 어떤 상황에서도 입장을 내지 않는다.

이 차이는 시간이 지나면 분명해진다.

줄타기를 못해서 생기는 문제

줄타기를 못하는 사람은 자신도 모르게 불필요한 적을 만든다.

모든 자리에서 솔직함을 무기로 삼고, 모든 상황에서 정면 돌파를 선택하면 조직은 그 사람을 '관리하기 어려운 사람'으로 인식한다.

솔직함은 미덕이지만, 조직에서는 전략 없는 솔직함이 리스크가 되는 경우가 많다.

줄타기를 잘하는 사람은 원칙이 없는 것처럼 보이지만, 사실은 반대다.
그들은

• 넘어가지 않는 선이 분명하고

• 반복하지 않는 행동이 있으며

• 자신만의 기준을 갖고 있다.

이 기준이 있기 때문에 어느 쪽에도 완전히 휘둘리지 않는다.
줄타기는 기준 없는 유연함이 아니라, 기준 있는 유연함이다.

언제 말을 해야 하는가

줄타기의 가장 어려운 부분은 말할 타이밍이다.
말해야 할 때는 이렇다.

• 결정이 잘못된 방향으로 굳어질 때

• 책임이 특정 개인에게만 과도하게 몰릴 때

• 침묵이 오해를 키울 때

반대로 말을 아껴야 할 때는 이렇다.

• 감정이 과열되어 있을 때

• 결정권자가 자리에 없을 때

• 이미 결론이 난 사안일 때

줄타기를 잘하는 사람은 말의 내용보다 말의 시점을 더 중요하게 여긴다.

줄타기에서 가장 위험한 행동

줄타기에서 가장 위험한 행동은 말을 옮기는 것이다.

이쪽에서 들은 말을 저쪽에 전하고, 저쪽의 반응을 다시 이쪽에 전달하는 순간, 그 사람은 균형 잡는 사람이 아니라, 불안을 증폭시키는 사람이 된다.

줄타기는 중재이지, 전달자가 아니다.

줄타기는 혼자서 하는 기술이다

줄타기는 팀플레이가 아니다.

누군가와 상의하며, 함께 줄을 탈 수 있는 기술이 아니다.

그래서 줄타기는 외롭다.

때로는 오해도 받는다.

"저 사람은 입장이 없는 것 같다."

"결정적인 순간에 빠진다."

하지만 줄타기를 잘하는 사람은 이 오해를 견딜 줄 안다.

그 대신 오래 살아남는다.

줄타기의 결과는 시간이 증명한다

줄타기는 단기간에 빛나지 않는다.

오히려 답답해 보인다.

하지만 시간이 지나면 줄타기를 잘한 사람은

- 불필요한 갈등에 휘말리지 않았고

- 관계를 크게 잃지 않았으며

• 결정 이후에도 자리를 지킨다.

줄타기는 눈에 띄는 기술이 아니라, 버티는 기술이다.

줄타기를 대하는 태도

줄타기를 한다고 해서 비겁해질 필요는 없다.

조급해질 필요도 없다.

조직에서의 줄타기는 도망이 아니라 속도를 조절하는 일이다.

빠르게 뛰는 사람보다, 균형을 잃지 않는 사람이 더 멀리 간다.

줄타기의 본질

줄타기의 본질은 어느 편에 서느냐가 아니다.

어디까지 버틸 수 있느냐다.

조직은 늘 흔들리고, 관계는 늘 변한다.

그 안에서 자신의 중심을 잃지 않는 사람은 결국 신뢰를 얻는다.

줄타기는 가장 조용하지만 가장 현실적인 직장 생존 기술이다.

Chapter 12

갑이 되고 싶다

직급이 아니라, 대체 불가능성이 만든 자리

직장 생활을 하다 보면 한 번쯤 이런 생각이 든다.

'나도 언젠가는 갑이 되고 싶다.'

여기서 말하는 갑은 계약서에 등장하는 갑을 의미하지 않는다.

회의에서 말의 무게가 달라지고, 결정 과정에서 빠지지 않으며, 누군가의 판단이 곧 기준이 되는 사람.

조직 안에서 그런 위치에 서는 것을 많은 사람들이 '갑'이라고 부른다.

하지만 이 위치는 직급표에서 바로 주어지지 않는다.

갑은 임명되는 자리가 아니라, 조직이 의존하게 되는 자리다.

사람들이 오해하는 '갑'의 모습

많은 사람들이 갑을 다음과 같은 사람으로 오해한다.

• 목소리가 큰 사람

• 지시를 많이 하는 사람

• 회의에서 말을 끊는 사람

그러나 이런 사람들은 대부분 오래가지 못한다.

그들은 영향력을 행사하는 것처럼 보이지만, 실제로는 주변의 피로도를 빠르게 쌓는다.

조직이 진짜로 갑이라고 인식하는 사람은 다음과 같은 특징을 가진다.

"그 사람이 없으면 일이 멈춘다."

갑은 권한으로 생기지 않는다

권한은 위에서 내려오지만, 의존은 아래에서 생긴다.

조직에서 갑이 되는 사람은 스스로를 이렇게 만든다.

- 문제가 생기면 가장 먼저 떠오르는 사람
- 결정이 필요할 때 의견을 묻는 사람
- 일이 꼬였을 때 정리해 주는 사람

이들은 자신을 드러내기보다, 일의 흐름을 잡는 데 집중한다.

그 결과 주변이 그들에게 기대기 시작한다.

'대체 불가능성'의 실체

대체 불가능성은 특별한 재능에서 나오는 경우보다 일관된 태도에서 만들어지는 경우가 많다.

- 맡은 일을 끝까지 마무리하는 사람
- 문제가 생기면 숨기지 않고 공유하는 사람
- 불편한 역할도 감당하는 사람

이런 태도가 반복되면, 조직은 자연스럽게 그 사람을 '빠지면 곤란한 사람'으로 인식한다.

이때부터 그 사람은 조용히 갑의 영역으로 들어간다.

갑이 되는 사람의 말하는 방식

갑이 되는 사람은 말을 많이 하지 않는다.

대신 필요할 때만 말한다.

회의에서

• 핵심을 짚는 한 문장

• 불필요한 논쟁을 정리하는 제안

• 다음 단계를 명확히 하는 질문

이런 말들이 쌓이면 그 사람의 발언은 자연스럽게 기다려진다.

목소리를 키우지 않아도, 조직은 이미 그 말을 중요하게 듣고 있다.

갑이 되기 위해 가장 먼저 버려야 할 것

갑이 되고 싶다면, 가장 먼저 버려야 할 것은 즉각적인 인정 욕구다.

갑은 빨리 만들어지지 않는다.

단기간의 성과로 주어지지도 않는다.

오히려 조용한 시간 속에서, 조금씩 굳어지는 자리다.

인정을 서두르면 사람들은 그 의도를 먼저 읽는다.

그리고 그 순간, 신뢰는 멀어진다.

권력은 쓰는 순간 줄어든다

조직에서의 권력은 돈과 조금 닮아 있다.

쓸수록 줄어든다.

갑이 되는 사람은 권력을 과시하지 않는다.

필요할 때만 사용하고, 가능하면 사용하지 않으려 한다.

그래서 더 오래간다.

그래서 더 단단하다.

갑이 된 이후의 책임

갑이 되는 것은 끝이 아니다.

오히려 시작에 가깝다.

조직은 갑에게

• 책임을 기대하고

• 기준을 요구하며

• 문제 해결을 맡긴다.

갑의 말 한마디는 방향을 만들고, 누군가의 일을 늘리거나 줄인다.

그래서 진짜 갑은 자신의 말과 판단을 가볍게 쓰지 않는다.

갑이 되지 않아도 괜찮은 사람

마지막으로 꼭 말하고 싶은 것이 있다.

모든 사람이 갑이 될 필요는 없다.

어떤 사람은

• 전문성으로

• 안정감으로

• 신뢰로

조직에 기여한다.

중요한 것은 갑이 되는 것이 아니라, 존중받는 자리에 서는 것이다.

갑은 선택지 중 하나일 뿐, 유일한 목표는 아니다.

갑이 되고 싶다는 마음의 정체

"갑이 되고 싶다."라는 말 속에는 사실 이런 마음이 숨어 있다.

'흔들리지 않고 싶다.'

'무시당하지 않고 싶다.'

이 마음은 충분히 이해할 만하다.

그리고 그것은 권력을 쥐는 방식이 아니라, 자기 자리를 만드는 방식으로도 충분히 이룰 수 있다.

직장 생활에서 가장 강한 사람은 가장 큰 소리를 내는 사람이 아니라, 없어지면 불편해지는 사람이다.

Chapter 13

싫은 사람이나
불편한 사람과의 대화법

설득보다 중요한 것은, 상처를 남기지 않는 것이다

직장 생활을 하다 보면 능력과 상관없이 마주치기만 해도 에너지가 빠지는 사람이 있다.

- 말투가 불편한 사람

- 늘 부정적인 사람

- 은근히 선을 넘는 사람

- 혹은 이유 없이 나를 불편하게 만드는 사람

이때 많은 사람들이 이렇게 생각한다.

'왜 하필 저런 사람이랑 일을 해야 하지?'

'굳이 대화해야 하나?'

하지만 직장은 좋은 사람만으로 구성되지 않는다.

그리고 현실적으로 싫은 사람을 피해서 커리어를 이어 가기는 어렵다.

그래서 필요한 것은 화해의 기술이 아니라 거리 조절의 기술이다.

먼저 짚고 가야 할 사실

싫은 사람과의 대화에서 가장 먼저 기억해야 할 것은 이것이다.

상대는 바뀌지 않는다.

이 전제를 받아들이지 못하면 대화는 설득이나 교정의 시도로 흘러간다.

그리고 그 시도는 대부분 실패한다.

이 장의 목표는 상대를 변화시키는 것이 아니라, 나를 지키는 대화를 만드는 것이다.

불편함의 정체를 구분하라

모든 불편함이 같은 종류는 아니다.

• 성향이 맞지 않는 경우

• 소통 방식이 다른 경우

• 권력관계가 얽힌 경우

• 반복적으로 선을 넘는 경우

이것을 구분하지 않으면, 모든 불편함을 감정 문제로 처리하게 된다.

특히 중요한 것은 '이 사람이 싫은가'와 '이 사람의 행동이 불편한가'를 구분하는 것이다.

대화는 사람을 다루는 것이 아니라, 행동을 다루는 것이어야 한다.

감정을 설명하려 하지 말 것

불편한 사람과의 대화에서 가장 흔한 실수는 자기 감정을 설명하려는 것이다.

"그 말 때문에 제가 상처를 받았습니다."

"저는 그렇게 느꼈어요."

이 표현들은 개인적인 자리에서는 의미가 있지만, 직장에서는 오히려 방어를 유발한다.

상대는 당신의 감정을 이해하려 하기보다, 자신이 비난받고 있다고 느낀다.

대신 이렇게 말하는 편이 낫다.

사실 → 영향 → 요청

• "그 표현이 회의 중에 나왔고."

• "그 이후 논의가 흐트러졌고."

• "앞으로는 이렇게 해 주시면 좋겠습니다."

감정은 빼고, 맥락만 남긴다.

짧고, 느리게, 단정하게

불편한 사람과의 대화는 길어질수록 불리해진다.

• 설명은 짧게

• 말의 속도는 느리게

• 문장은 단정하게

말이 길어지면 해석의 여지가 늘어나고, 그 여지는 다시 갈등이 된다.

"제 생각에는요…."

"제가 느끼기에는요…."

이런 완충어를 줄이고, 사실 중심의 문장을 사용한다.

논쟁을 피하는 가장 확실한 방법

불편한 사람과의 대화에서 이기려 하면 반드시 진다.

논쟁은 문제를 해결하지 않는다.

대신 관계를 소모시킨다.

그래서 목표를 바꿔야 한다.

이해받기 → 기록 남기기

• 내가 무엇을 요청했는지

• 어떤 기준을 제시했는지

• 어떤 답을 받았는지

이 흐름이 남으면 대화의 목적은 달성된 것이다.

선을 넘는 사람에게 필요한 언어

선을 넘는 사람에게 돌려 말하는 것은 효과가 없다.

이럴 때 필요한 것은 정중하지만 분명한 문장이다.

• "그 부분은 제 역할 범위를 벗어납니다."

• "그 방식에는 동의하기 어렵습니다."

• "이 대화는 이 정도로 정리하겠습니다."

이 문장들은 공격적이지 않지만, 명확하다.

선을 넘는 사람은 부드러움보다 명확함에 멈춘다.

피할 수 없는 대화의 구조 만들기

싫은 사람과 아예 대화를 하지 않는 것은 현실적으로 어렵다.

그래서 필요한 것은 대화의 구조화다.

- 1:1보다는 공개된 자리
- 구두보다는 메일/메신저
- 즉흥적 대화보다는 안건 중심

이 구조는 상대를 통제하기 위한 것이 아니라, 상황을 관리하기 위한 장치다.

구조가 있으면 감정이 개입할 여지가 줄어든다.

'괜히 말 꺼냈나'라는 생각이 들 때

불편한 대화를 하고 나면, 이런 생각이 들기 쉽다.

'괜히 말했나?'

'그냥 참을 걸 그랬나?'

이때 기준은 이것이다.

그 대화가 나를 더 지치게 했는가, 아니면 정리해 주었는가.

대화 후에 마음이 조금이라도 정리되었다면, 그 대화는 의미가 있다.

모든 불편함을 해결할 필요는 없다

중요한 사실 하나.

직장에서는 모든 불편함을 해결하지 않아도 된다.

- 일에 직접적인 영향을 주지 않는 것
- 반복되지 않는 사소한 언행
- 구조적으로 바꾸기 어려운 성향

이런 것까지 모두 바로잡으려 하면 사람은 먼저 지친다.

대화는 선별해서 해야 한다.

싫은 사람과의 대화가 남기는 것

아이러니하게도 싫은 사람과의 대화는 자기 기준을 가장 선명하게 만든다.

• 어디까지 참을 수 있는지

• 어디서 멈춰야 하는지

• 어떤 언어를 써야 하는지

이 기준을 갖게 되면 다른 관계에서도 덜 흔들린다.

대화의 목적을 다시 정의하라

싫은 사람과의 대화에서 목적은 관계 개선이 아니다.

업무가 돌아가게 만드는 것,

그리고 내가 다치지 않는 것이다.

이 두 가지만 지켜져도 그 대화는 충분히 성공이다.

마지막으로 직장 생활에서 싫은 사람을 없앨 수는 없다.

하지만 그 사람에게 내 에너지를 모두 내줄 필요도 없다.

대화는 사람을 바꾸는 도구가 아니라, 관계를 관리하는 기술이다.

싫은 사람과의 대화를 조금 덜 두려워하게 되었다면, 이 장은 제 역할을
한 것이다.

Chapter 14

애경사 챙기기

기억은 작지만, 관계는 오래 남는다

직장 생활을 하다 보면, 애경사 소식은 늘 갑작스럽게 찾아온다.

부고 문자, 결혼 청첩장, 출산 소식, 병문안 이야기.

업무 일정 사이로 툭 하고 끼어든다.

이때 많은 사람들이 불편해진다.

'어디까지 챙겨야 하지?'

'안 챙기면 너무 차가워 보일까?'

'챙기자니 부담스럽다.'

애경사 챙기기는 의외로 직장인들을 가장 곤란하게 만드는 영역 중 하나다.

그 이유는 간단하다.

정답이 없기 때문이다.

애경사는 '의무'가 아니라 '신호'다

애경사를 챙긴다는 것은 관계를 증명하는 시험이 아니다.

의무를 이행하는 체크 리스트도 아니다.

애경사는 '이 사람과 나는 어느 정도의 거리인가'를 조용히 확인하는 신호에 가깝다.

그래서 과한 관심도 부담이 되고, 완전한 무관심도 상처가 된다.

문제는 돈의 많고 적음이 아니라, 태도의 밀도다.

꼭 알아야 할 기본 원칙

애경사를 챙길 때 가장 중요한 원칙은 하나다.

관계의 깊이만큼만 챙긴다.

직급이 높다고 해서 항상 더 많이 챙겨야 하는 것도 아니고, 가깝지 않다고 해서 아무 반응도 없어도 되는 것도 아니다.

조직에는 공식적인 관계와 비공식적인 감정의 선이 동시에 존재한다.

그 선을 넘지 않는 것이 애경사 챙기기의 핵심이다.

금액보다 중요한 것

많은 사람들이 얼마를 내야 할지부터 고민한다.

하지만 애경사에서 사람들이 오래 기억하는 것은 금액이 아니다.

• 짧은 메시지 한 줄

• 진심이 느껴지는 말투

• 부담을 주지 않는 태도

이런 것들이 돈보다 오래 남는다.

과한 금액은 상대에게 부담이 될 수 있고, 나중에 되돌려 줘야 할 빚처럼 느껴지기도 한다.

적당함은 관계를 오래가게 만든다.

참석해야 할까, 말아야 할까

애경사에 참석할지 말지는 늘 고민이다.

이때 기준은 단순하다.

내가 빠졌을 때, 관계가 어색해질까?

그렇다면 가능한 한 얼굴을 비추는 것이 낫다.

반대로 참석하지 않아도 자연스럽게 이해될 관계라면 무리할 필요는 없다.

중요한 것은 참석 여부보다 사후의 태도다.

가지 못했다면, 그 이유를 길게 설명할 필요는 없지만, 아무 반응도 없는 것은 종종 오해를 만든다.

애경사 자리에서의 행동 요령

애경사 자리는 업무의 연장선이 아니다.

그렇다고 완전히 사적인 공간도 아니다.

이때 가장 중요한 태도는 '짧고, 조심스럽게, 과하지 않게'다.

• 주인공보다 눈에 띄지 않을 것

• 개인적인 질문은 삼킬 것

• 분위기를 읽고 오래 머물지 않을 것

애경사 자리에서 가장 좋은 평가는 이것이다.

"왔다 간 줄도 모르게, 그런데 고마웠다."

애사(哀事)를 대하는 태도

애사는 특히 조심해야 한다.

위로는 말이 아니라 존재와 태도로 전해진다.

무슨 말을 해야 할지 고민되면 차라리 말을 줄이는 것이 낫다.

"힘드시겠습니다."

이 정도면 충분하다.

조언, 비교, 경험 공유는 대부분 위로가 되지 않는다.

침묵 속의 배려가 가장 오래 남는다.

경사(慶事)를 대하는 태도

경사는 분위기가 밝아 보이지만, 역시 선이 있다.

과도한 축하, 지나친 친밀감, 불필요한 농담은 오히려 관계를 불편하게 만든다.

경사는 기쁨을 함께 나누는 자리이지, 관계를 과시하는 자리가 아니다.

애경사를 챙기지 못했을 때

살다 보면 놓치는 순간도 생긴다.

모르고 지나쳤거나, 여유가 없었거나, 타이밍을 놓쳤을 수도 있다.

이때 중요한 것은 핑계를 늘어놓지 않는 것이다.

늦더라도 짧고 담담하게 마음을 전하면 된다.

"뒤늦게 알았습니다. 마음을 전합니다."

이 한 문장으로도 충분하다.

애경사와 관계의 기억법

애경사는 그날의 분위기보다 이후의 관계에 영향을 준다.

잘 챙겼다고 해서 갑자기 가까워지지는 않는다.

하지만 전혀 챙기지 않았을 때의 어색함은 오래 남는다.

그래서 애경사는 관계를 키우는 도구가 아니라, 관계를 지키는 장치에 가깝다.

애경사를 통해 드러나는 사람의 태도

이상하게도 애경사 자리에서는 사람의 태도가 더 선명해진다.

- 과하지 않은 사람

- 조용히 배려하는 사람

- 선을 지킬 줄 아는 사람

이런 사람은 업무 자리에서도 비슷하다.

그래서 애경사는 사람을 다시 보게 만드는 계기가 되기도 한다.

애경사 챙기기의 본질

애경사를 챙긴다는 것은 관계를 붙잡는 일이 아니다.

관계를 존중한다는 신호다.

많이 챙길 필요도 없고, 완벽할 필요도 없다.

다만, 성의는 남아야 한다.

직장 생활에서 관계는 성과만큼 중요하지만, 성과처럼 관리할 수는 없다.

그래서 애경사는 작고 조심스럽게, 그러나 놓치지 않고 챙기는 것이 가장 현명하다.

PART 4

커리어의 체력

이 파트는 단기간의 성과가 아니라, 오래 버티는 커리어를 만들기 위한 이야기이다. 공부, 이직, 가정, 매니저의 역할, 후배와 선배의 관계는 시간이 지날수록 무게를 가지는 주제이다. 이 파트는 직장을 넘어 커리어 전체를 바라보는 시선을 제공한다.

Chapter 15.
공부라는 선택

결국, 오래 남는 사람은 공부하는 사람이었다

직장 생활을 하다 보면 어느 순간부터 이런 장면이 반복된다.

같은 시기에 입사했고, 비슷한 일을 했고, 비슷한 평가를 받던 사람들이 어느 시점부터 전혀 다른 길로 간다.

누군가는 여전히 같은 자리에 머물고,

누군가는 회사를 옮기며 더 큰 역할을 맡고,

누군가는 전문가로 불리며 의사결정의 중심으로 이동한다.

이 차이는 능력의 문제도, 운의 문제도 아니었다.

내가 현장에서 지켜본 바로는 공부의 태도에서 갈라졌다.

내가 만난 '잘 풀린' 후배들의 공통점

지금 회사를 떠나 경력 개발이 잘 이루어지고 있는 후배들을 떠올려 보면, 놀랍도록 비슷한 공통점이 있다.

그들은 업무 시간 외에 공부를 멈추지 않았다.

- 대학원을 다니며 이론을 정리했고

- 주말마다 업무 관련 서적을 읽었으며

• 자신의 업무를 '직무'가 아니라 '전문 분야'로 이해하려 했다.

그들은 회사가 시키지 않았고, 평가 항목에 없었으며, 누가 알아주지 않아도 공부를 선택했다.

잊히지 않는 한 선배의 말

내가 사회생활을 막 시작하던 시절, 한 선배가 이런 말을 해 주었다.

"네가 맡은 업무는 당연히 네가 회사에서 최고 전문가가 되어야 한다. 관련 산업 담당자보다도 탁월해야 하고, 나아가 한국에서 최고가 되어야 한다."

그 말은 처음에는 과하게 들렸다.

현실과 동떨어진 이상처럼 느껴지기도 했다.

하지만 그 선배는 바로 이렇게 덧붙였다.

"그건 타고나는 게 아니다. 반드시 공부해야 한다."

시간이 흐른 지금, 그 말이 얼마나 정확했는지 매 순간 확인하고 있다.

업무는 '하는 것'이고, 공부는 '쌓는 것'이다

업무는 오늘을 해결한다.

공부는 내일을 만든다.

업무만으로는 전문가가 되기 어렵다.

업무는 반복되지만, 반복은 반드시 성장을 보장하지 않는다.

공부는 내가 왜 이 일을 하는지, 이 일이 산업에서 어떤 위치에 있는지, 다음 변화는 무엇일지를 생각하게 만든다.

이 차이가 어느 순간부터 결정적인 격차로 나타난다.

비슷한 출발선, 다른 도착지

비슷한 시기에 입사했더라도 배움에 대한 태도는 생각보다 빠르게 차이를 만든다.

어떤 사람은 주어진 일만 정확히 처리하고,

어떤 사람은 그 일이 왜 그렇게 설계되었는지 궁금해한다.

처음에는 둘의 차이가 잘 보이지 않는다.

하지만 몇 년이 지나면 전자는 '숙련자'로 남고, 후자는 '전문가'로 불린다.

임원이 된다는 것의 의미

임원이 되는 것이, 모두에게 훌륭하거나 대단한 목표일 필요는 없다.

임원이라는 자리가 성공의 기준도 아니다.

그러나 분명한 사실 하나는 있다.

임원 자리에 오른 사람들은 대부분 그 분야에서 전문가로 인정받을 만한 준비가 되어 있었다는 점이다.

운으로 올라간 경우도 있을 수 있지만, 오래 버티는 사람은 결국 공부로 무장한 사람이다.

내가 채용했던 후배들에 대하여

인사 업무를 하며 수많은 후배들을 채용했다.

그중 기억에 오래 남는 사람들은 공통적으로 공부를 가까이 두고 있었다.

- 질문의 깊이가 달랐고
- 문제를 구조적으로 바라봤으며

• 자기 분야의 언어를 정확히 사용했다.

그리고 시간이 지나 그들 대부분은 전문가의 자리로 이동했다.

그 결과를 보며 확신하게 되었다.

공부는 선택 사항이 아니라 경력의 필수 조건이라는 것을.

공부는 꼭 대학원이어야 하는가

대학원은 아주 좋은 선택지 중 하나다.

특히 이론과 구조를 체계적으로 정리하는 데 큰 도움이 된다.

하지만 공부의 형태가 하나일 필요는 없다.

• 산업 리포트

• 전문 서적

• 논문

• 관련 자격 과정

• 해외 자료

중요한 것은 지속성이다.

하루에 많이 할 필요도 없고, 남들에게 보여 줄 필요도 없다.

다만, 그만두지 않는 것이 중요하다.

공부하는 사람의 시선은 다르다

공부하는 사람은 회의에서 다른 질문을 한다.

보고서를 다르게 읽고, 의사결정의 리스크를 더 빨리 감지한다.

그래서 조직은 결국 이런 사람에게 큰일을 맡긴다.

그 사람을 신뢰해서가 아니라, 대안이 없기 때문이다.

마지막으로 공부는 당장 성과로 보이지 않는다.

그래서 쉽게 미뤄진다.

하지만 경력의 후반부로 갈수록 공부하지 않은 시간은 고스란히 한계로 돌아온다.

이 장을, 특히 이제 막 사회에 들어온 후배들에게 전하고 싶다.

네가 맡은 일에서 전문가가 되는 것은 욕심이 아니다.

책임에 가깝다.

그리고 그 책임을 가능하게 하는 유일한 방법은 공부다.

지금 당장은 보이지 않아도, 공부는 반드시 다음 자리를 만들어 준다.

Chapter 16.
이직의 기술

떠나는 용기보다, 준비하는 시간이 필요하다

이직을 생각하는 순간은 대개 비슷하다.

일이 갑자기 어려워졌거나, 사람이 버거워졌거나, 혹은 아무 문제도 없는데 문득 더 이상 성장하고 있지 않다는 느낌이 들 때다.

이때 사람들은 이직을 '탈출'처럼 상상한다.

지금의 불편을 벗어나면 모든 것이 나아질 것이라고.

하지만 이직은 문제를 없애는 선택이 아니라, 문제를 바꾸는 선택이다.

그래서 기술이 필요하다.

이직을 생각하기 전에 반드시 해야 할 질문

이직을 결정하기 전에 스스로에게 먼저 물어야 한다.

"내가 힘든 건, 회사 때문인가, 아니면 지금의 역할 때문인가?"

이 질문에 답하지 못한 채 이직을 하면 환경만 바뀐 채 같은 문제가 반복될 가능성이 크다.

회사 문제와 역할 문제를 구분하지 못하면, 이직은 해결이 아니라 순환이 된다.

감정이 앞설 때, 결정을 미뤄야 한다

이직 충동의 상당수는 감정에서 시작된다.

• 부당한 평가

• 반복되는 무시

• 무너진 관계

이 감정은 충분히 이해할 만하다.

그러나 감정이 정점에 있을 때 내린 결정은 대개 준비되지 않은 선택이 된다.

이직은 화가 가라앉은 뒤에도 여전히 유효한 선택인지 확인해야 한다.

이직을 준비하는 사람과 떠나는 사람의 차이

이직을 잘 하는 사람은 갑자기 떠나지 않는다.

조용히 준비한다.

• 자신의 성과를 문장으로 정리하고

• 시장에서 통하는 역량을 점검하며

• 추천인을 관리하고

• 공백이 생길 리스크를 계산한다.

반면 떠나는 데만 집중한 사람은 조건이 나쁘지 않으면 서둘러 결정한다.

이 차이는 다음 회사에서의 안정성으로 그대로 돌아온다.

이력서는 과거가 아니라 '설명서'다

이력서를 내가 무엇을 했는지 나열하는 문서로 생각하면 경쟁력이 떨어진다.

이력서는 '이 사람을 쓰면 무엇을 맡길 수 있는가'에 대한 설명서다.

그래서

• 역할과 책임이 분명해야 하고

• 숫자와 결과가 있어야 하며

• '열심히'가 아니라 '어떻게'가 보여야 한다.

경력이 쌓일수록 이력서는 길어지는 게 아니라 업무 경험과 역량을 정확히 설명해야 한다.

면접에서 가장 많이 실패하는 지점

면접에서 가장 흔한 실패는 지금 회사를 나쁘게 말하는 것이다.

불만을 솔직하게 말하는 것과 조직을 비난하는 것은 다르다.

면접관은 지원자의 과거보다 미래의 태도를 본다.

• 문제를 어떻게 해석하는지

• 갈등을 어떻게 정리하는지

• 책임을 어디까지 감당하는지

이 기준에서 전 회사에 대한 태도는 강력한 힌트가 된다.

조건 비교의 함정

이직을 고민할 때 연봉, 직급, 타이틀은 가장 눈에 띄는 기준이다.

하지만 실제 만족도를 좌우하는 것은

• 역할의 명확성

• 평가 기준

• 의사결정 구조

• 상사의 방식

이 요소들이다.

연봉은 1년을 버티게 해 주고, 구조는 5년을 결정한다.

공백과 '점프'에 대한 오해

이직 과정에서 공백을 지나치게 두려워할 필요는 없다.

다만 공백에는 설명이 필요하다.

• 무엇을 정리했고

• 무엇을 준비했으며

• 왜 그 시간이 필요했는지

이 설명이 가능하다면, 공백은 약점이 아니라 전환의 증거가 된다.

반대로 설명되지 않는 점프는 의문을 만든다.

추천인의 힘

경력이 쌓일수록 이직에서 중요한 것은 이력서보다 사람이다.

• 나를 어떻게 기억하는지

• 어떤 상황에서 함께 일했는지

• 어떤 태도를 보였는지

추천인은 내가 말하지 못하는 부분을 대신 설명해 준다.

그래서 이직을 준비하는 사람은 평소에 관계를 관리한다.

떠날 때 급히 부탁하지 않는다.

언제 이직하지 말아야 하는가

다음의 경우에는 이직을 잠시 멈추는 것이 좋다.

- 반복된 이직으로 설명이 어려워질 때

- 핵심 성과를 만들기 직전일 때

- 감정적으로 소진되어 판단이 흐릴 때

이직은 도망이 아니라 이동이어야 한다.

이직의 성공 기준

이직의 성공은 연봉이나 직급으로만 판단되지 않는다.

- 첫 6개월을 안정적으로 넘겼는지

- 역할이 분명해졌는지

- 같은 이유로 다시 흔들리지 않는지

이 세 가지를 통과했다면 그 이직은 충분히 성공적이다.

이직을 기술로 만들기 위해

이직은 용기의 문제가 아니다.

정보, 타이밍, 자기 이해의 문제다.

잘 준비된 이직은 커리어의 단절이 아니라 방향 전환이 된다.

마지막으로 직장은 언젠가 떠날 수 있는 곳이지만, 커리어는 계속 이어진다.

그래서 이직은 '지금 싫어서'가 아니라 '다음이 분명해서' 해야 한다.

이직의 기술은 더 좋은 회사를 찾는 법이 아니라, 다음 장을 스스로 설계하는 법이다.

이 장을 덮을 때, 당장 떠나지 않더라도, 언젠가 떠날 준비를 조용히 시작하게 된다면 그것으로 충분하다.

Chapter 17

퇴근 후의 가정생활

회사는 끝나지만, 삶은 계속된다

퇴근 버튼을 누르는 순간 하루의 업무는 끝난다.

하지만 많은 직장인들에게 일은 집까지 따라온다.

몸은 집에 와 있지만, 머리는 아직 회사에 남아 있고, 대화는 줄어들고, 표정은 굳어 있다.

퇴근 후의 가정생활은 직장 생활의 '보너스 구간'이 아니다.

오히려 그 반대다.

직장 생활이 무너지지 않게 받쳐 주는 하부 구조에 가깝다.

직장 스트레스는 왜 집으로 흘러가는가

직장에서의 스트레스는 대부분 즉각적으로 해소되지 않는다.

• 말하지 못한 감정

• 정리되지 않은 억울함

• 해결되지 않은 갈등

이 감정들은 안전하다고 느끼는 공간으로 이동한다.

대부분 그곳이 집이다.

문제는 집이 '회복의 공간'이 아니라 '방출의 공간'이 되는 순간이다.
이때 가정은 휴식처가 아니라 2차 전쟁터가 된다.

가장 가까운 사람이 가장 쉽게 상처받는다

직장에서는 표정을 관리하고, 말을 고르고, 선을 지킨다.
하지만 집에서는 그 긴장이 풀린다.
그래서 가장 가까운 사람에게 가장 날카로운 말이 나간다.
이건 의도적인 공격이 아니다.
에너지가 고갈된 상태에서 나오는 반응이다.
그러나 의도가 없다고 해서 상처가 남지 않는 것은 아니다.
가정은 늘 남는다.
직장은 바뀔 수 있지만, 가정의 삶은 누적된다.

퇴근 후의 태도가 다음 출근을 결정한다

많은 사람들이 퇴근 후의 시간을 완전히 직장과 분리된 영역으로 생각한다.
하지만 현실은 다르다.
퇴근 후에 어떻게 회복했는지가 다음 날의 출근 상태를 만든다.
• 잠을 제대로 잤는지
• 감정을 정리했는지
• 관계를 더 망치지 않았는지
이 모든 것이 다음 날의 집중력과 판단력을 좌우한다.
퇴근 후의 가정생활은 사적인 선택이 아니라 직업인의 자기 관리 영역이다.

일을 집에 가져오지 않는 기술

일을 집에 가져오지 말라는 말은 쉽다.

하지만 실제로는 어렵다.

중요한 것은 '생각하지 않기'가 아니라 생각을 멈추는 의식을 만드는 것이다.

• 집에 들어오기 전 짧은 산책

• 샤워하며 하루를 정리하는 습관

• 노트에 오늘의 일 하나만 적고 덮기

이런 작은 의식이 회사와 집 사이에 완충 지대를 만든다.

완벽한 차단은 불가능하다.

다만 흘러 들어오는 양을 줄일 수는 있다.

가족에게 회사 이야기를 어떻게 해야 할까

회사 이야기를 전혀 하지 않는 것도, 모든 이야기를 쏟아내는 것도 좋은
선택은 아니다.

중요한 기준은 이것이다.

공유인지, 배출인지를 구분하는 것.

공유는 상황을 설명하고 이해를 구하는 것이다.

배출은 감정을 쏟아 내는 것이다.

배출이 반복되면 가족은 위로자가 아니라 감정 처리 창구가 된다.

그 역할은 오래가지 못한다.

가정이 무너지면, 직장도 버티기 어렵다

직장에서 아무리 잘 버텨도 가정이 무너지면 그 버팀은 오래가지 않는다.

집이 불안정해지면 사람은 두 가지 중 하나를 선택한다.

일에 과도하게 매달리거나, 일에서도 무너진다.

건강한 가정생활은 직장을 덜 중요하게 만드는 것이 아니라, 직장을 감당할 수 있게 만드는 힘이다.

혼자 사는 사람의 가정생활

가정이 반드시 함께 사는 가족을 의미하지는 않는다.

혼자 사는 사람에게도 퇴근 후의 삶은 중요하다.

혼자일수록 일과 삶의 경계가 흐려지기 쉽다.

퇴근 후에도 메일을 확인하고, 메신저에 즉시 반응하며, 일이 삶을 잠식한다.

혼자 사는 사람에게 가정생활이란 자기 자신과의 관계다.

그 관계가 무너지면 회복은 더 어려워진다.

퇴근 후에도 '직장인'으로 남는 순간

퇴근 후의 말과 행동은 의외로 회사로 되돌아간다.

- 가족과의 갈등으로 생긴 감정
- 수면 부족으로 인한 예민함
- 회복되지 않은 피로

이 모든 것은 다음 날 회의실에서 드러난다.

퇴근 후의 삶은 회사에서 보이지 않는 것 같지만, 결국 회사에 반영된다.

가정은 성과를 요구하지 않는다

직장은 늘 성과를 요구한다.

결과를 내야 하고, 설명해야 하고, 증명해야 한다.

반면 가정은 그 자체로 존재를 받아 준다.

이 차이를 잊는 순간, 사람은 쉽게 소진된다.

가정은 잘해야 머무를 수 있는 공간이 아니다.

돌아갈 수 있는 공간이다.

퇴근 후의 가정생활이 주는 힘

퇴근 후의 삶을 잘 지켜 낸 사람은 직장에서 덜 흔들린다.

그들은

• 불필요한 인정 욕구에 덜 휘둘리고

• 평가에 덜 상처받으며

• 갈등을 과도하게 키우지 않는다.

이 힘은 업무 능력에서 나오지 않는다.

삶의 균형에서 나온다.

직장 생활을 오래 하기 위해

직장 생활을 오래 하고 싶다면, 퇴근 후의 시간을 대충 보내서는 안 된다.

그 시간은 휴식이자 회복이고, 다시 일어설 수 있는 준비다.

회사는 당신을 평가하고, 비교하고, 대체할 수 있다.

하지만 가정은 다르다.

퇴근 후의 가정생활을 지켜 내는 사람만이 직장 생활에서도 자기 자리를 오래 지킨다.

Chapter 18.
매니저

좋은 사람보다, 예측 가능한 사람이 된다

직장 생활을 하다 보면 어느 순간 이런 말을 듣게 된다.

"이제 매니저 역할을 맡아야 할 것 같습니다."

이 말이 반갑게 들리는 사람도 있고, 부담스럽게 느껴지는 사람도 있다.

하지만 공통점이 하나 있다.

매니저가 된다는 것은 더 이상 나만 잘하면 되는 자리가 아니라는 점이다.

매니저는 성과를 내는 사람에서 성과가 나게 만드는 사람으로 이동한 위치다.

많은 사람들이 착각하는 매니저의 역할

매니저가 되면 권한이 생기고, 결정권이 늘어나며, 목소리가 커질 것이라고 기대한다.

그러나 실제 매니저의 일상은 결정이 아니라 조율에 가깝다.

- 위에서는 방향을 요구하고

- 아래에서는 보호를 기대하며

- 옆에서는 이해관계가 부딪힌다.

이 가운데에서 모두를 만족시키는 선택은 거의 없다.

그래서 매니저의 역할은 멋진 결단이 아니라 불만을 관리하는 일에 더 가깝다.

좋은 매니저의 첫 번째 조건: 예측 가능성

구성원이 매니저에게 가장 먼저 바라는 것은 능력도, 친절함도 아니다.

예측 가능성이다.

• 기준이 자주 바뀌지 않는 사람

• 말과 행동이 크게 어긋나지 않는 사람

• 기분에 따라 판단하지 않는 사람

이 예측 가능성이 확보되지 않으면, 구성원은 일을 하면서 매니저의 눈치를 보게 된다.

그리고 그 순간, 조직의 에너지는 급격히 소모된다.

완벽한 매니저는 없다.

다만 일관된 매니저는 존재한다.

그리고 그것만으로도 조직은 훨씬 안정된다.

매니저는 일을 잘하는 사람이 아니다

일을 잘하는 사람과 매니저 역할을 잘하는 사람은 다르다.

개인 기여자는

• 문제를 직접 해결하고

• 결과를 만들어 내는 사람이지만

매니저는

• 문제를 정의하고

• 적절한 사람에게 맡기며

• 결과가 나올 수 있게 환경을 만드는 사람이다.

이 차이를 이해하지 못하면 매니저는 쉽게 마이크로 매니저가 된다.

결과는 잠시 좋아질 수 있지만, 팀은 빠르게 지친다.

매니저의 책임은 늘 '위아래'를 동시에 향한다

매니저의 책임은 한 방향이 아니다.

위로는 조직의 목표와 기준을 설명해야 하고,

아래로는 구성원의 현실과 한계를 전달해야 한다.

이 과정에서 매니저는 종종 오해를 받는다.

위에서는 "관리력이 부족하다."라는 말을 듣고,

아래에서는 "회사 편만 든다."라는 말을 듣는다.

이 오해는 매니저 역할의 숙명에 가깝다.

중요한 것은 그 오해를 피하려 하지 않는 것이다.

평가와 피드백에서의 매니저

매니저의 말 한마디는 구성원의 태도를 바꾼다.

그래서 평가와 피드백은 가장 조심스러운 영역이다.

좋은 매니저는 피드백을 이렇게 사용한다.

• 인격이 아니라 행동을 말하고

• 과거를 비난하기보다 다음을 제시하며

• 공개보다 개인적으로 전달한다.

피드백의 목적은 상처를 주는 것이 아니라 다음 행동을 바꾸는 것이다.

매니저가 가장 경계해야 할 유혹

매니저가 되면 가장 먼저 찾아오는 유혹이 있다.

모두에게 좋은 사람이 되고 싶다는 마음이다.

하지만 이 유혹은 팀을 가장 빠르게 무너뜨린다.

- 기준을 흐리고
- 결정을 미루고
- 갈등을 방치하게 만든다.

매니저의 역할은 사람을 편하게 하는 것이 아니라, 일이 돌아가게 만드는 것이다.

불편한 결정을 해야 할 순간을 피하지 않는 것이 매니저의 책임이다.

매니저도 보호받아야 한다

많은 조직에서 매니저는 '중간 관리자'라는 이유로 늘 단단해야 한다는 기대를 받는다.

하지만 매니저 역시 감정을 가진 사람이고, 에너지가 소진될 수 있다.

좋은 매니저는 혼자 버티지 않는다.

- 상위 관리자에게 도움을 요청하고
- 동료 매니저와 경험을 나누며
- 자신의 한계를 인정한다.

매니저의 번아웃은 개인의 문제가 아니라 조직의 리스크다.

매니저의 말은 기준이 된다

매니저의 사소한 말 한마디는 규칙처럼 작동한다.

"이 정도는 괜찮아요."

"이번엔 그냥 넘어갑시다."

이 말들이 반복되면, 그것이 팀의 기준이 된다.

그래서 매니저는 말을 가볍게 쓰지 않는다.

침묵도 하나의 메시지라는 사실을 항상 의식해야 한다.

좋은 매니저의 마지막 기준

좋은 매니저를 정의하는 가장 현실적인 기준은 이것이다.

그 매니저가 자리를 비워도 팀이 돌아가는가.

모든 것을 직접 챙기는 매니저는 유능해 보일 수 있지만, 팀은 그 사람에게 종속된다.

반대로 사람을 키우고, 역할을 명확히 하고, 결정을 공유하는 매니저의 팀은 그 매니저가 없어도 흔들리지 않는다.

매니저라는 역할의 본질

매니저는 위로 올라가는 자리도 아니고, 아래를 통제하는 자리도 아니다.

매니저는 조직과 사람 사이의 압력을 흡수하는 위치다.

그래서 늘 불편하고, 그래서 늘 오해를 받는다.

하지만 그 역할을 제대로 수행하는 사람 덕분에 조직은 돌아가고, 사람은 버틴다.

매니저는 가장 눈에 띄지 않지만, 가장 많은 책임을 지는 자리다.

Chapter 19

똑똑한 후배, 밀리는 선배

세대의 문제가 아니라, 속도의 문제

어느 순간부터 회의실에서 이런 장면이 익숙해진다.

후배의 말이 빠르고, 자료는 정리되어 있고, 질문은 날카롭다.

반면 선배는 잠시 생각하고, 말을 고르고, 속도가 느려진다.

그 순간 마음 한구석에서 이런 생각이 스친다.

'내가 밀리고 있는 건가?'

이 질문은 능력의 문제가 아니다.

속도의 문제다.

똑똑한 후배는 왜 더 똑똑해 보일까

요즘 후배들은 정보 접근 속도가 빠르고, 도구 사용에 익숙하며, 표현이 간결하다.

그들은

• 검색에 강하고

• 정리에 능숙하며

• 불필요한 과정을 생략한다.

이것은 타고난 지능의 차이라기보다 환경의 차이다.

후배들은 속도를 기준으로 성장했고, 선배들은 축적을 기준으로 성장했다.

밀리는 선배가 느끼는 감정

선배가 밀린다고 느끼는 순간에는 능력보다 감정이 먼저 흔들린다.

• 예전만큼 질문이 오지 않고

• 결정 과정에서 빠지는 것 같고

• 후배의 말이 더 설득력 있게 들린다.

이때 많은 선배들이 두 가지 극단으로 움직인다.

하나는 "요즘 애들은 기본이 없다."라고 깎아내리는 것이고, 다른 하나는
아무 말도 하지 않고 뒤로 물러나는 것이다.

두 선택 모두 선배를 더 빠르게 고립시킨다.

후배는 선배를 대체하지 않는다

조직에서 후배는 선배를 밀어내기 위해 존재하지 않는다.

후배는 다른 역할을 채우기 위해 들어온다.

후배가 잘하는 것은

• 속도

• 실행

• 정리

선배가 잘하는 것은

• 판단

• 맥락

• 위험 관리

문제는 이 차이가 충돌로 보일 때다.

선배가 놓치기 쉬운 함정

선배가 가장 쉽게 빠지는 함정은 자기 증명에 집착하는 것이다.

• 내가 더 많이 안다는 것을 보여 주려 하고

• 내가 더 오래 했다는 것을 강조하며

• 후배의 실수를 기다리게 된다.

이 태도는 존재감을 지키는 것처럼 보이지만, 실제로는 신뢰를 빠르게 소모시킨다.

선배의 가치는 증명에서 나오지 않는다.

후배가 아직 갖지 못한 것

아무리 똑똑한 후배라도 아직 갖지 못한 것이 있다.

• 실패의 누적

• 판단의 무게

• 결정 이후의 책임

후배는 빠른 답을 내놓을 수 있지만, 그 답이 만들어 낼 다음 장면까지는 아직 충분히 경험하지 못했다.

이 지점이 선배가 여전히 필요한 이유다.

선배의 역할은 '속도'를 늦추는 것이다

선배의 역할은 더 빠르게 가는 것이 아니다.

너무 빠른 것을 한 번 멈추게 하는 것이다.

• "이 결정의 리스크는 무엇인가?"

• "이건 지금이 아니라 다음 단계가 낫지 않을까?"

• "이전에 비슷한 일이 있었는데…."

이 말들은 후배의 속도를 부정하지 않으면서도, 방향을 조정한다.

선배는 답을 주는 사람이 아니라, 속도를 조절하는 사람이다.

밀리는 선배가 다시 자리를 만드는 방법

선배가 다시 자리를 만들기 위해 모든 것을 바꿀 필요는 없다.

대신 역할을 바꾸어야 한다.

• 직접 실행하는 사람에서 판단을 돕는 사람으로

• 문제를 푸는 사람에서 문제를 정의하는 사람으로

이 이동은 퇴보가 아니라 진화다.

똑똑한 후배와 잘 지내는 법

후배를 경쟁 상대로 보면 관계는 빠르게 경직된다.

반대로 후배를 자원으로 보면 선배의 위치는 오히려 단단해진다.

• 후배의 속도를 인정하고

• 자신의 경험을 나누며

• 필요할 때만 개입하는 것

이 태도는 후배에게도 안전한 기준이 된다.

세대 갈등이라는 착각

조직에서 벌어지는 대부분의 갈등은 세대 갈등이 아니다.

역할 갈등이다.

각자가 자신의 역할을 명확히 인식하지 못할 때, 갈등은 세대 문제처럼 보인다.

선배가 선배의 역할을 받아들이고, 후배가 후배의 역할을 수행할 때, 갈등은 협력으로 바뀐다.

밀리는 것이 아니라, 바뀌는 것이다

선배가 된다는 것은 중심에서 밀려난다는 뜻이 아니다.

중심의 형태가 바뀐다는 뜻이다.

무대의 한가운데에서 조명을 받던 시기를 지나 무대를 지탱하는 위치로 이동하는 것.

이 이동을 패배로 받아들이지 않는 사람이 오래간다.

마지막으로 남는 것

시간이 지나면 속도는 모두 느려진다.

그러나 판단은 더 단단해진다.

똑똑한 후배는 언젠가 또 다른 후배를 만나고, 그때 비로소 지금의 선배를 이해하게 된다.

그 흐름 속에서 가장 강한 사람은 가장 빠른 사람이 아니라, 자기 위치를 받아들인 사람이다.

PART 5

조직의 큰 틀

이 파트는 개인의 자리에서 벗어나 조직 전체의 흐름을 이해하는 단계이다. 노사 관계와 출장·외근, 본전의 미학, 하찮은 일은 없다, 그리고 멘토링의 위대함은 개인의 역량을 넘어 조직을 대표하는 위치에서 요구되는 시야를 다룬다. 커리어 후반부로 갈수록 반드시 마주하게 될 주제이다.

Chapter 20.
노사 관계

'노사 관계'라는 말을 들으면 많은 신입 사원과 주니어들은 이렇게 느낀다.

'나랑은 아직 상관없는 이야기 같다.'

'노조나 임원들 이야기 아닌가?'

하지만 노사 관계는 특정 집단만의 문제가 아니다.

노사 관계는 조직이 사람을 어떻게 대하는지에 대한 총합이고, 그 안에 속한 개인은 언제든 영향을 받는다.

노사 관계를 이해하지 못하면 조직의 갈등을 개인의 문제로 오해하게 된다.

그리고 그 오해는 불필요한 분노와 좌절을 만든다.

노사 관계는 왜 늘 어려운가

노사 관계가 어려운 이유는 단순하다.

출발점이 다르기 때문이다.

회사는

• 지속 가능성

• 비용 관리

• 예측 가능성

을 중요하게 본다.

근로자는

• 안정성

• 공정함

• 존중

을 중요하게 본다.

이 두 기준은 본질적으로 충돌한다.

그래서 노사 관계는 '누가 옳으냐'의 문제가 아니라 '어떻게 조율하느냐'의 문제다.

개인이 오해하기 쉬운 지점

노사 갈등이 보도될 때 많은 사람들은 감정적으로 반응한다.

"회사가 너무하다." 혹은 "노조가 과하다."

하지만 실제 현장에서는 선악 구도가 그렇게 단순하지 않다.

대부분의 갈등은

• 기준이 불명확하거나

• 의사소통이 늦어졌거나

• 기대치가 어긋난 결과다.

이 구조를 보지 못하면 개인은 조직 전체의 문제를 자신의 문제로 떠안게 된다.

노조가 있는 조직과 없는 조직

노조가 있는 조직과 없는 조직은 분위기가 다르다.

그러나 더 중요한 차이는 역할의 명확성이다.

노조가 있는 조직에서는 요구와 협상이 공식적인 채널을 통해 이루어진다.

반면 노조가 없는 조직에서는 불만이 개인의 감정으로 흩어지기 쉽다.

어느 쪽이 더 낫다고 단정할 수는 없다.

다만 개인이 알아야 할 것은 이것이다.

조직마다 문제를 표출하는 방식이 다르다는 점이다.

노사 관계에서 개인의 위치

노사 관계는 거대한 구조처럼 보이지만, 개인은 늘 그 사이 어딘가에 서 있다.

신입 사원과 주니어가 노사 관계에서 가장 많이 겪는 혼란은 이 질문에서 시작된다.

"나는 어느 편에 서야 하지?"

대답은 의외로 간단하다.

편에 서는 것이 아니라, 위치를 이해해야 한다.

개인은

• 의사결정권자도 아니고

• 협상 대표도 아니다.

그렇기 때문에 개인이 할 수 있는 것과 하지 말아야 할 것이 분명하다.

노사 이슈에 휘말렸을 때의 태도

조직에 노사 이슈가 발생하면 소문이 먼저 돈다.

정확한 정보보다 해석과 추측이 빠르게 퍼진다.

이때 가장 위험한 태도는 확인되지 않은 정보를 전달하는 것이다.

노사 관계 이슈는 말 한마디가 기록으로 남고, 그 기록이 나중에 전혀 다른 의미로 해석되기도 한다.

개인이 취해야 할 태도는 단순하다.

• 사실과 의견을 구분하고

• 공식 채널의 정보를 우선하며

• 감정적인 판단을 보류하는 것

이것만으로도 불필요한 리스크는 크게 줄어든다.

회사의 입장도 이해해야 하는 이유

노사 관계를 이야기할 때 회사의 입장을 이해하라는 말은 종종 "회사 편을 들어라."라는 말처럼 들린다.

하지만 그 뜻은 다르다.

회사의 논리를 이해하지 못하면 개인은 늘 해석을 잘못하게 된다.

• 회사가 결정을 미루는 이유

• 명확한 답을 주지 못하는 배경

• 모호한 표현을 사용하는 까닭

이 모든 것은 법, 비용, 선례, 파급 효과와 연결되어 있다.

이 구조를 이해하면 개인은 회사의 말을 조금 더 냉정하게 해석할 수 있다.

노사 관계는 단기적으로는 불편하지만, 장기적으로는 조직의 방향을 만든다.

이 과정에서

• 지나치게 앞에 나선 사람

• 감정적으로 대응한 사람

• 기록에 남을 행동을 한 사람

은 종종 예상치 못한 부담을 떠안게 된다.

반대로

• 원칙을 지키고

• 말보다 행동으로 신뢰를 쌓고

• 상황을 관망할 줄 아는 사람

은 위기 이후에도 비교적 안정적인 위치를 유지한다.

노사 관계 국면에서는 튀지 않는 것이 비겁함이 아니라 전략인 경우가 많다.

노사 관계를 대하는 성숙한 태도

성숙한 태도란 무관심도, 과몰입도 아니다.

노사 관계는 알아야 하지만, 끌려가서는 안 된다.

• 구조를 이해하고

• 자신의 위치를 인식하며

• 감정을 관리하는 것

이 세 가지만 지켜도 노사 관계는 개인을 소모시키는 문제가 아니라, 조직을 이해하는 창이 된다.

노사 관계는 결국 사람의 이야기다

법과 제도, 협약과 문서가 노사 관계를 구성하지만, 결국 그 안에는 사람이 있다.

사람의 기대가 어긋나고, 말이 부족했고, 타이밍을 놓쳤을 뿐이다.

이 사실을 잊지 않으면 노사 관계는 분노의 대상이 아니라 현실을 이해하는 재료가 된다.

Chapter 21

출장과 외근

회사 밖으로 나갔을 뿐인데, 더 회사 사람처럼 보이는 순간

출장이나 외근 이야기가 나오면 분위기가 조금 달라진다.

사무실을 벗어난다는 생각만으로도 숨통이 트이는 느낌이 들고, 어딘가 '자율'이 주어지는 것처럼 느껴진다.

하지만 직장 생활을 오래 해 보면 알게 된다.

출장과 외근은 자유의 시간이 아니라, 자기 관리 능력이 가장 적나라하게 드러나는 시간이라는 사실을.

회사 밖에서는 규칙이 줄어드는 대신, 판단의 책임이 개인에게 더 많이 넘어온다.

출장과 외근을 대하는 두 가지 태도

출장과 외근을 대하는 태도는 크게 두 가지로 나뉜다.

하나는 '회사 밖이니까 조금 느슨해도 되겠지.'라는 생각이다.

다른 하나는 '회사 밖이니까 더 조심해야겠다.'라는 생각이다.

조직이 신뢰를 보내는 쪽은 언제나 후자다.

출장과 외근은 통제가 줄어든 시간이 아니라, 신뢰를 시험하는 시간이기 때문이다.

출장 준비에서 이미 평가가 시작된다

출장은 이동하는 날이 아니라, 준비하는 순간부터 시작된다.

• 일정은 정확한가

• 이동 경로는 숙지했는가

• 만날 사람과 목적은 명확한가

이 기본적인 준비가 되어 있지 않으면, 출장 내내 불안이 따라다닌다.

그리고 그 불안은 결국 주변에 전달된다.

출장을 잘 다녀온 사람의 공통점은 보고서를 잘 쓴 사람이 아니라, 일정을 안정적으로 운영한 사람이다.

출장 중 가장 중요한 것은 '연락 가능성'

출장이나 외근 중에 가장 민감하게 평가되는 요소는 일의 결과보다 연결 상태다.

• 연락이 되는가

• 상황 공유가 되는가

• 예기치 못한 변화에 즉시 대응하는가

회사 밖에 있다는 이유로 연락이 느려지거나 보고가 흐려지는 순간, 신뢰는 빠르게 줄어든다.

출장 중에는 '지금 무엇을 하고 있는지'를 간단히 공유하는 것만으로도 충분하다.

과한 보고보다, 끊기지 않는 신호가 중요하다.

외근 중의 태도는 회사의 얼굴이다

외근은 개인 업무처럼 보이지만, 실제로는 회사의 얼굴로 움직이는 시간이다.

- 외부 미팅에서의 말투
- 시간 약속을 대하는 태도
- 상대방을 존중하는 방식

모두 그 사람 개인이 아니라 그 사람이 속한 조직으로 기억된다.

외근 자리에서의 평판은 생각보다 오래 남는다.

그리고 그 평판은 어느 날 갑자기 내부 평가 자료로 돌아오기도 한다.

출장 중 자유 시간의 함정

출장에는 늘 여유 시간이 생긴다.

이 여유가 문제를 만든다.

- 일찍 끝났으니 쉬어도 될까?
- 보고는 나중에 해도 되지 않을까?
- 관련자와 저녁 약속이 있으니 괜찮을까?

이때 중요한 기준은 '해도 되는가'가 아니라 '어떻게 보일까'다.

출장 중의 자유 시간은 완전히 사적인 시간이 아니다.

그 시간 역시 회사 일정의 연장선으로 읽힌다.

출장 보고는 결과보다 맥락이다

출장 후 보고를 할 때 많은 사람들이 결과만 정리하려 한다.

하지만 조직이 궁금해하는 것은 결과보다 맥락이다.

- 무엇을 확인했고

- 어떤 분위기였으며

- 다음 단계에 어떤 영향을 미칠지

이 흐름이 정리되지 않으면, 출장은 '다녀온 일'로만 남는다.

출장 보고는 출장의 마무리가 아니라, 출장의 의미를 조직에 넘기는 과정이다.

외근을 반복하는 사람이 주의할 점

외근이 잦아지면 사무실에서의 존재감이 옅어질 수 있다.

이때 가장 흔한 오해는 '밖에서 일하느라 바쁘니까 괜찮겠지.'라는 생각이다.

외근이 잦을수록 의도적으로라도

- 내부 공유

- 짧은 안부

- 진행 상황 보고

세 가지를 챙겨야 한다.

사무실에 없다고 해서 조직의 시야에서 사라져도 된다는 뜻은 아니다.

출장과 외근이 남기는 평가

출장과 외근은 능력을 키워 주는 기회이기도 하지만, 동시에 리스크를 드러내는 장이기도 하다.

- 자율성을 어떻게 쓰는지

- 신뢰를 어떻게 관리하는지

• 회사와 개인의 경계를 어떻게 지키는지

이 모든 것이 출장과 외근에서 압축적으로 드러난다.

그래서 어떤 사람은 출장을 거듭할수록 신뢰를 얻고, 어떤 사람은 출장이 줄어든다.

출장과 외근을 대하는 성숙한 시선

출장과 외근은 도망치는 시간이 아니다.

자유를 누리는 시간도 아니다.

그것은 회사 밖에서 스스로를 관리할 수 있는지를 증명하는 시간이다.

회사 안에서는 규칙이 나를 지켜 주지만, 회사 밖에서는 나의 태도만이 나를 지켜 준다.

출장과 외근을 잘 다루는 사람은 언젠가 더 큰 자율을 맡게 된다.

그 자율은 특권이 아니라, 신뢰의 결과다.

Chapter 22

본전의 미학

나이가 들수록 계산이 먼저 떠오르는 이유

어느 순간부터 사람은 무언가를 결정하기 전에 자연스럽게 계산을 한다.

'이만큼 했으면, 이제 본전은 뽑은 거 아닐까?'

'이 관계에서 내가 너무 손해 보는 건 아닐까?'

'더 노력해도 돌아오는 게 없을 것 같은데.'

이런 생각이 들기 시작하면 스스로를 탓하게 된다.

'내가 너무 속물인가?'

'예전의 나는 이러지 않았는데.'

하지만 본전 생각은 성숙의 신호에 가깝다.

경험이 쌓였다는 증거이기도 하다.

본전 생각은 왜 생기는가

직장 생활 초반에는 대부분의 선택이 미래를 향해 있다.

경험을 쌓고, 관계를 만들고, 가능성을 넓히는 데 집중한다.

그러나 시간이 지나면 상황이 달라진다.

• 체력은 예전 같지 않고

- 책임은 늘어나고

- 선택의 결과가 더 오래 남는다

이때부터 사람은 자연스럽게 묻게 된다.

"이 선택이 나에게 무엇을 남길까?"

이 질문이 바로 본전 생각의 시작이다.

본전의 기준은 사람마다 다르다

문제는 본전의 기준이 정해져 있지 않다는 데 있다.

누군가에게 본전은 연봉일 수 있고, 누군가에게는 워라밸일 수 있으며, 누군가에게는 존중받는 감각일 수도 있다.

그래서 타인의 선택을 보고 쉽게 판단하게 된다.

"왜 거기서 버텨?"

"왜 그만둬?"

하지만 그 질문에 대한 답은 각자의 본전 계산서 안에 있다.

본전만 따지기 시작하면 생기는 일

본전만을 기준으로 움직이기 시작하면 사람은 점점 조심스러워진다.

- 부탁을 거절하고

- 추가 업무를 피하고

- 관계에 에너지를 쓰지 않는다.

이 선택들은 당장은 합리적으로 보인다.

하지만 장기적으로는 사람을 조용히 고립시킨다.

본전 계산이 삶의 유일한 기준이 되는 순간, 성장은 멈춘다.

본전 이상의 가치가 있는 것들

직장 생활에는 본전으로 환산하기 어려운 것들이 있다.

- 신뢰

- 평판

- 관계의 깊이

- 위기 때 나를 지켜 줄 사람

이것들은 당장 눈에 보이지 않지만, 결정적인 순간에 가장 큰 차이를 만든다.

본전을 따지되, 이것들까지 함께 계산할 수 있어야 본전의 미학이 완성된다.

손해처럼 보였던 선택의 재해석

돌아보면 당시에는 손해처럼 보였던 선택이 나중에 자산이 되는 경우가 많다.

- 어렵지만 맡았던 일

- 귀찮았던 추가 역할

- 관계를 유지하기 위해 썼던 시간

그때는 본전이 안 맞는 선택처럼 느껴졌지만, 시간이 지나면 그 선택이 다른 선택의 문을 열어 준다.

본전은 즉시 결산되는 항목이 아니다.

언젠가는 손해를 끊어야 한다

그렇다고 해서 모든 손해를 감수하라는 뜻은 아니다.

어떤 선택은 아무리 시간을 들여도 본전이 나오지 않는다.

- 반복되는 무시

- 회복되지 않는 건강

- 일방적인 관계

이 경우에는 본전을 채우려 애쓰기보다 손실을 멈추는 것이 더 현명하다.

본전의 미학에는 포기의 용기도 포함된다.

본전을 다시 정의하는 시기

사람은 인생의 여러 지점에서 본전의 기준을 다시 정하게 된다.

- 직급이 바뀔 때

- 가정이 생길 때

- 건강에 문제가 생길 때

이때 예전의 기준을 그대로 유지하려 하면 삶이 어긋난다.

본전의 미학은 고정된 원칙이 아니라, 유연한 재정의에 가깝다.

본전을 지키는 사람의 태도

본전을 잘 지키는 사람은 늘 계산적이지 않다.

오히려

- 어디서 쓰고

- 어디서 아끼며

- 어디서 물러설지

분명히 안다.

그래서 불필요한 곳에서는 단호하고, 중요한 곳에서는 아낌없다.

이 선택의 선별 능력이 사람을 지치지 않게 만든다.

본전의 미학이 주는 자유

본전 생각을 부정하지 않게 되면, 이상하게도 마음이 가벼워진다.

• 모든 것을 잘하려 애쓰지 않아도 되고

• 모든 관계를 붙잡지 않아도 되며

• 모든 기회를 잡지 않아도 된다.

본전의 미학은 포기의 미학이 아니라, 집중의 미학이다.

본전 이후의 삶

본전을 채웠다고 느끼는 순간, 사람은 두 갈래 길 앞에 선다.

하나는 더 이상 시간을 쓰지 않겠다는 길이고,

다른 하나는 의미 있는 곳에 다시 투자하겠다는 길이다.

어떤 길을 택하든 중요한 것은 내가 선택하고 있다는 감각이다.

본전의 미학은 손해 보지 않는 법을 가르치지 않는다.

대신 어디에 시간을 쓸지 스스로 결정할 수 있는 힘을 준다.

Chapter 23.
하찮은 일은 없다

하찮은 일은 없다, 모든 일에는 가치가 있다

이 문장은 입사 전에는 다소 추상적으로 들린다.

좋은 말이긴 하지만 현실과는 거리가 있어 보이기도 한다.

그러나 실제로 입사를 하고 나면 이 말이 왜 반복되어 왔는지 몸으로 알게
된다.

신입 사원에게 주어지는 일의 공통점

대부분의 신입 사원에게 처음 배정되는 업무는 비슷하다.

• 반복적이고

• 손이 많이 가고

• 귀찮으며

• 실수하면 바로 티가 나는 일들

누군가는 '왜 나만 이런 일을 해야 하지?'라고 느끼고,

누군가는 '이게 내 커리어에 무슨 도움이 될까?'라는 의문을 품는다.

솔직히 말해 그 감정은 지극히 정상이다.

나 역시 같은 경험을 수없이 했다.

나 역시 그 일을 했다

내가 처음 사회생활을 시작했을 때도 가장 먼저 맡은 일은 아무도 하고 싶어 하지 않는 일이었다.

정리되지 않은 자료를 맞추고, 여러 부서를 오가며 확인하고, 작은 실수 하나에도 처음부터 다시 해야 하는 일들이었다.

그때는 이 일이 왜 중요한지 몰랐다.

힘들고 귀찮았고, 눈에 띄지 않는 일이었다.

시간이 지나서야 보이는 것들

시간이 지나 조금 더 복잡한 역할을 맡게 되었을 때, 나는 깨달았다.

그때 했던 일들이

- 조직이 어떻게 돌아가는지
- 업무가 어디서 막히는지
- 누가 어떤 정보를 가지고 있는지
- 왜 불필요한 절차가 생겼는지

가장 잘 알려 주고 있었다는 사실을.

그 경험들은 어느 순간 나의 자산이 되어 있었다.

귀찮은 일을 대하는 태도가 차이를 만든다

내가 지켜본 많은 직원들 중에서 성장 속도가 빠른 사람들은 대체로 비슷한 태도를 가지고 있었다.

그들은 귀찮은 일을 '버텨야 할 시간'으로만 보지 않았다.

- 왜 이 일이 이렇게 복잡한지 묻고

- 반복되는 오류의 원인을 찾고

- 더 나은 방식이 없는지 고민했다.

그리고 가능하면 프로세스를 조금이라도 개선하려 했다.

그 과정에서 그 사람의 성장성이 자연스럽게 드러났다.

조직은 생각보다 잘 보고 있다

조직은 말보다 행동을 본다.

귀찮은 일을 맡겼을 때

- 투덜대는 사람

- 대충 넘기는 사람

- 묵묵히 처리하면서 개선하는 사람

이 세 유형은 생각보다 분명하게 구분된다.

특히 인사 담당자나 관리자의 눈에는 이 차이가 아주 선명하게 보인다.

귀찮은 일은 훈련장이다

처음 맡는 일들은 대개

- 시스템 이해

- 정확성

- 책임감

- 커뮤니케이션

이 네 가지를 동시에 요구한다.

즉, 가장 기본적이면서도 가장 중요한 능력을 한꺼번에 훈련시키는 장치다.

그래서 조직은 신입에게 가장 귀찮은 일을 맡긴다.

벌을 주기 위해서가 아니라, 가장 빠르게 배우게 하기 위해서다.

'이 일만 하면 손해'라는 생각에 대하여

'이 일만 하다 끝나는 건 아닐까?'

'나만 잡무를 하는 건 아닐까?'

이 불안 역시 많은 신입 사원들이 겪는다.

하지만 현실은 다르다.

이 일만 하다 끝나는 사람과 이 일을 발판으로 다음 단계로 가는 사람의 차이는 일의 종류가 아니라, 태도에서 생긴다.

가장 귀찮은 일을 맡았다는 신호

조금 다른 관점으로 보면, 가장 귀찮은 일을 맡았다는 것은 조직이 당신에게 이렇게 말하고 있는 것일지도 모른다.

- "이 일은 아무에게나 맡기기 어렵다."
- "실수하면 문제가 된다."
- "그래서 네가 해 줬으면 좋겠다."

이 신호를 어떻게 받아들이느냐에 따라 경로는 달라진다.

모든 일이 다 의미 있지는 않다.

솔직히 말해 모든 일이 다 즐겁거나 보람 있는 것도 아니다.

불필요한 일도 있고, 비효율적인 절차도 존재한다.

하지만, 그 일을 경험한 사람만이 그 비효율을 정확히 설명할 수 있고, 개선할 자격을 얻는다.

마지막으로 하찮은 일은 없다

다만, 하찮게 대하는 태도가 있을 뿐이다.

지금 당신이 맡고 있는 가장 귀찮은 그 일이 당장 커리어를 빛내 주지는 않을 것이다.

그러나 시간이 지나면 그 일은 당신이 조직을 이해하는 데 필요한 가장 깊은 자양분으로 남을 가능성이 크다.

성장은 대개 가장 귀찮은 일의 한복판에서 조용히 시작된다.

Chapter 24

멘토링의 위대함

직장 생활을 하며 내가 가장 늦게 배운 사실이 하나 있다.

중요한 결정일수록, 혼자서 하면 안 된다는 것이다.

젊었을 때는 스스로 판단하고 책임지는 것이 성숙함이라고 믿었다.

누군가에게 조언을 구하는 일은 약해 보일까 봐, 능력이 부족하다고 오해를 받을까 봐, 쉽게 하지 못했다.

하지만 시간이 지나고, 결정의 무게가 달라지면서 나는 알게 되었다.

혼자 내린 결정이 항상 최선의 선택은 아니라는 것을.

직장 안에는 공식적인 보고 라인과 비공식적인 관계가 공존한다.

하지만 정작 고민을 터놓고 이야기할 수 있는 공간은 생각보다 많지 않다.

- 상사에게는 말하기 어렵고
- 동료에게는 조심스럽고
- 부하에게는 보여 주기 싫은 고민들

이 고민들은 대부분 개인의 문제처럼 남는다.

그리고 그 고립이 실수를 만든다.

그래서 나는 의도적으로 직장 안과 밖에 여러 명의 멘토를 두었다.

한 명이 아니라, 다섯 분이었다.

누군가는 조직과 정치의 흐름을 읽는 데 도움을 주었고, 누군가는 사람 문제를 다루는 데 기준을 잡아 주었으며, 누군가는 결정을 내려야 할 순간 "그건 아니다."라고 단호하게 말해 주었다.

중요한 것은 그분들이 모두 같은 답을 주지는 않았다는 점이다.

오히려 서로 다른 관점이 있었기 때문에 나는 내 판단을 한 번 더 점검할 수 있었다.

멘토의 역할은 정답을 주는 것이 아니다.

멘토는 내가 보지 못한 위험을 짚어 주고, 내 판단이 감정에 치우쳤는지 확인해 주며, 무엇보다 혼자가 아니라는 감각을 준다.

이 감각은 생각보다 강력하다.

사람은 혼자라고 느끼는 순간 가장 나쁜 선택을 하기 쉽다.

직장 안의 멘토와 직장 밖의 멘토는 역할이 다르다.

직장 안의 멘토는

- 조직의 언어를 알고

- 내부의 맥락을 이해하며

- 현실적인 조언을 준다.

반면, 직장 밖의 멘토는

- 이해관계에서 자유롭고

- 보다 긴 시간을 기준으로 판단하며

- 나의 커리어 전체를 본다.

이 둘이 함께 있을 때 결정은 훨씬 안정된다.

중요한 것은 멘토를 '찾아야 할 사람'으로 어렵게 생각하지 않는 것이다.

멘토는 완벽한 사람일 필요도 없고, 늘 정답을 말해 주는 사람일 필요도
없다.

다만 다음과 같은 사람이면 충분하다.

- 나보다 조금 먼저 그 길을 걸어 봤고
- 솔직한 피드백을 해 주며
- 나의 실패를 흥밋거리로 삼지 않는 사람

그리고 그 관계는 필요할 때만 찾는 것이 아니라, 평소에 천천히 쌓아야
한다.

이 말을, 특히 이제 사회로 나가려는 모든 분들에게 전해 주고 싶었다.

회사에서는 모든 고민을 혼자 해결해야 할 것처럼 보이지만, 사실 가장 위
험한 선택은 아무에게도 묻지 않는 것이다.

부모에게, 선배에게, 회사 밖의 어른에게 "이게 맞을까요?"라고 묻는 용기
는 부끄러움이 아니라 지혜에 가깝다.

돌아보면, 나 역시 중요한 결정의 순간마다 다섯 분의 멘토에게 같은 질문
을 던졌다.

그리고 그 과정 덕분에 큰 실수를 피할 수 있었고, 후회할 선택을 줄일 수
있었다.

결정은 결국 내가 내렸지만, 그 결정이 단단해질 수 있었던 이유는 함께
생각해 준 사람들이 있었기 때문이다.

직장 생활은 혼자 버티는 게임이 아니다.

겉으로는 각자 판단하는 것처럼 보이지만, 오래가는 사람들은 대부분 자
기만의 조언 네트워크를 가지고 있다.

이 책을 읽는 누군가가 이 문장을 기억해 주었으면 한다.

"혼자 고민하지 않아도 된다."

"묻는 것은 약함이 아니라 준비다."

"좋은 결정은 대개 혼자 만들어지지 않는다."

이 깨달음만으로도 직장 생활은 조금 덜 위험해지고, 조금 더 오래갈 수 있다.

끝맺으며

이 책은 더 잘 이기는 법을 말하지 않았다.

대신 덜 다치고, 오래 버티는 법을 이야기했다.

직장은 능력만으로 설명되지 않고, 관계만으로도 유지되지 않는다.

그 사이 어딘가에서 균형을 잡는 사람이 결국 자신의 자리를 만든다.

이제 당신의 직장 생활도 다음 장으로 넘어간다.

그 장면이 조금 덜 불안하고, 조금 더 단단하기를 바란다.

직장은 지나가고, 태도는 남는다.

이 책의 마지막 장을 덮는 지금, 당신의 직장은 여전히 그 자리에 있을 것이다.

내일도 출근해야 하고, 메일은 또 쌓일 것이며, 사람들은 각자의 방식으로 말을 하고, 결정을 하고, 실수를 할 것이다.

이 책은 그 현실을 바꾸겠다고 약속하지 않았다.

직장은 여전히 복잡하고, 사람은 여전히 어렵다.

다만, 그 안에서 조금 덜 흔들리는 법에 대해 이야기했을 뿐이다.

직장 생활을 하다 보면 어느 순간 이런 생각이 든다.

'내가 이렇게까지 해야 하나?'

'이건 내 일이 아닌 것 같은데….'

'왜 항상 내가 참아야 하지?'

이 질문들은 약함의 증거가 아니다.

오히려 정상적으로 고민하고 있다는 신호다.

문제는 이 질문에 대한 답을 찾지 못한 채 버티기만 하는 것이다.

그때 사람은 조용히 닳아 간다.

이 책에서 말한 것들은 대단한 비법이 아니다.

줄타기를 하라는 말도, 본전을 계산하라는 말도, 정치를 이해하라는 말도,
더 잘 살기 위한 요령이 아니다.

그것들은 모두 현실을 오해하지 않기 위한 장치에 가깝다.

현실을 잘못 이해하면 사람은 자신을 과도하게 탓하거나, 불필요하게 분
노한다.

이 책이 바란 것은 그 오해를 조금 줄이는 것이었다.

직장은 능력만으로 설명되지 않고, 선의만으로 유지되지도 않는다.

그 사이 어딘가에서 사람들은 관계를 조정하고, 기대를 관리하고, 자기 자
리를 만들어 간다.

누군가는 빨리 가고, 누군가는 오래 간다.

중요한 것은 누가 먼저 도착했느냐가 아니라, 누가 끝까지 버텼느냐다.

이 책을 읽으며 어떤 장에서는 고개를 끄덕였을 것이고, 어떤 장에서는
'꼭 이렇게까지 해야 하나.' 하는 생각이 들었을지도 모른다.

그 반응은 모두 정상이다.

이 책은 동의받기 위해 쓰이지 않았다.

다만 당신이 선택할 수 있는 생각의 여지를 남기고 싶었다.

언젠가 당신도 후배를 맞이하게 될 것이다.

그리고 어느 날 문득 예전의 자신을 떠올리게 될지도 모른다.

그때 조금 덜 쉽게 판단하고, 조금 더 오래 기다릴 수 있다면, 이 책은 제 역할을 한 것이다.

직장은 인생의 전부는 아니다.

그러나 인생의 상당 부분을 차지한다.

그 시간을 완벽하게 보내려 애쓰지 않아도 된다.

다만 자신을 잃지 않으면서 지나갈 수 있다면 충분하다.

이 책이 당신의 직장 생활을 더 빛나게 만들지는 못하더라도, 조금 덜 아프게 만들 수 있었다면 그것으로 충분하다.

이제 당신의 다음 출근은 이 책이 없는 자리에서 시작된다.

그 자리에 조금 더 단단해진, 그리고 성숙된 직장인으로 남아 있기를 바란다.

글을 써 내려가던 어느 순간, 이 책이 너무 딱딱하고 경직된 이야기들로만 채워지고 있는 것은 아닐까 하는 막연한 불안이 밀려왔다.

직장이라는 공간을 설명하다 보니 어쩔 수 없이 규정과 기준, 태도와 책임에 대한 이야기가 많아졌고, 그 사이에서 숨을 고를 수 있는 여백이 사라지고 있다는 느낌이 들었다.

그때 문득 벽에 걸린 한 그림이 눈에 들어왔다.

말없이 걸려 있던 그 그림은 설명하지 않아도 되는 위로처럼 다가왔고, 잠시 굳어 있던 마음을 풀어 주었다.

생각이 느슨해지고, 이상하리만큼 기분이 부드러워지며 행복에 가까운 감정으로 천천히 이동하는 나 자신을 느낄 수 있었다.

그 순간 확신이 들었다.

이 책에도 이런 쉼이 필요하다는 것을.

그래서 나는 이 감정을 독자들과도 나누고 싶었다.

문장 사이사이에 말이 아닌 그림으로 조금은 완화된 숨, 조금은 가벼워진 마음을 건네고 싶었다.

그 마음으로 노의웅 화백님께 작품 사용에 대한 도움을 요청드렸고, 화백님께서는 놀랄 만큼 흔쾌히 그 뜻을 허락해 주셨다.

이 책이 혼자만의 기록이 아니라, 누군가의 배려와 온기가 더해져 조금 더 단단해졌다는 생각이 들었다.

이 책 속에 수록된 작품들은 설명을 요구하지 않는다.

정답을 제시하지도 않는다.

다만 독자분들 각자의 속도로 잠시 멈추어 서서 자신의 마음을 돌아볼 수 있는 작은 창 하나가 되기를 바란다.

바쁜 일상과 복잡한 직장 이야기 속에서 그림 한 점이 잠깐의 치유가 될 수 있다면, 그것으로 충분하다.

기꺼이 이 여백을 내어 주신 노의웅 화백님께 다시 한번 감사의 마음을 전한다.

끝으로 존경하는 부모님, 1년 365일 아들을 위해 기도하셨던 김영해 권사님과 부족한 반쪽을 늘 메워 주고 있는 사랑하는 아내에게 깊은 고마움을 전하고 싶다.

Title: A Workplace Guide That Stands With You

Subtitle: A Realistic Guide to the Workplace for Job Seekers and New Employees

This book was written for those who are about to begin their careers—or have just taken their first steps into the workplace. It is meant for job seekers, new employees, and early-career professionals who may feel uncertain, unprepared, or simply overwhelmed by what lies ahead.

Drawing on 28 years of experience in multinational companies as an HR professional, the author shares how workplaces truly operate—not only through formal policies and ideal frameworks, but through the unspoken rules, everyday expectations, and human dynamics that shape professional life. This book does not offer shortcuts or quick formulas for success. Instead, it provides steady guidance rooted in experience.

Rather than motivational slogans, it focuses on real situations people actually face: recruitment and evaluation, reporting and communication, organizational politics, compliance, relationships with managers and colleagues, career transitions, and the emotional discipline required to sustain a long professional life. Each chapter is designed to help readers respond with clarity, preparation, and thoughtful judgment—not with panic or guesswork.

At its heart, this book carries a simple message: there are no easy tricks in professional life. What makes the difference is preparation, consistency, and integrity. You are likely doing better than you think. Do not underestimate your potential—unlock your potential by setting clear goals, designing your path carefully, and seeking guidance from mentors and trusted colleagues along the way.

This work is also deeply personal. As a parent who was often absent due to professional responsibilities, the author hopes this book can serve as a quiet companion for the next generation—especially for those stepping into professional life without clear guidance on its unwritten rules. It reassures readers that confusion and hesitation are not failures, but natural responses to complex systems.

Ultimately, this book is not about getting ahead at any cost. It is about learning how to endure, adapt, and grow without losing oneself. It aims to help readers make fewer avoidable mistakes, feel less alone in the process, and build sustainable careers grounded in understanding, resilience, and steady growth.

회사에서 당신의 편이 되어 줄 이야기

1판 1쇄 발행 2026년 3월 25일
1판 2쇄 발행 2026년 4월 7일

저자 유선용

교정 주현강　**편집** 김다인

펴낸곳 (주)하움출판사　**펴낸이** 문현광

이메일 haum1000@naver.com　**홈페이지** haum.kr
블로그 blog.naver.com/haum1000　**인스타그램** @haum1007

ISBN 979-11-7374-336-8(03320)